Pubertät

Selbsthilfe für
Eltern in einer
stürmischen Zeit

Krisen
meistern und
Gelassenheit
finden

Eltern,
Jugendliche,
Experten
berichten

Verein für Konsumenteninformation (Hrsg.)
Elisabeth Tschachler

Pubertät

Impressum

Herausgeber
Verein für Konsumenteninformation (VKI)
Mariahilfer Straße 81, A-1060 Wien
ZVR-Zahl 389759993
Tel. 01 588 77-0, Fax 01 588 77-73, E-Mail: konsument@vki.at
www.konsument.at

Geschäftsführer
Ing. Franz Floss
Dr. Josef Kubitschek

Autorin
Elisabeth Tschachler

Lektorat
Edwin Würth

Produktion
Günter Hoy

Foto Umschlag
shutterstock/Paul Matthew Photography

Druck
Holzhausen Druck GmbH, 1140 Wien

Stand
Juli 2011

Einzelbestellung VKI
KONSUMENT, Kundenservice
Mariahilfer Straße 81, A-1060 Wien
Tel. 01 588 774, Fax 01 588 77-72
E-Mail: kundenservice@konsument.at

Wir sind bemüht, so weit wie möglich geschlechtsneutrale Formulierungen zu verwenden. Wo uns dies nicht gelingt, gelten die entsprechenden Begriffe im Sinne der Gleichbehandlung grundsätzlich für beide Geschlechter.

Bibliografische Information der Deutschen Nationalbibliothek
Die Deutsche Nationalbibliothek verzeichnet diese Publikation in der Deutschen Nationalbibliografie; detaillierte bibliografische Daten sind im Internet über http://dnb.d-nb.de abrufbar.

Verein für
Konsumenteninformation
ISBN 978-3-99013-007-0

€ 14,90

Zu diesem Buch

Kaum einer weiß, wie Erwachsensein geht.
Sybille Berg: Die Fahrt

Die Stachelhaare oben orangerot, die Haarstummel über den Ohren schwarz, dazwischen kahlgeschorene Haut: Davids Überraschungsstyling hatte den Vater vor Schreck verstummen und die Mutter in spitze Protestschreie ausbrechen lassen. Doch der Irokesen-Look war nur von kurzer Dauer: Schon nach zwei Wochen hatte es Davids kleine Schwester satt, sich frühmorgens auf ein Stockerl stellen und den Hahnenkamm des vor ihr hockenden Bruders mit dem Inhalt einer Dose Haarspray nach oben drapieren zu müssen. Von da an fiel David eine blondierte Strähne über die Augen. „Ich hab versucht, es mit Fassung zu tragen", sagt Davids Mutter heute. „Aber man weiß ja nie: Bleibt ihnen der Spleen?"

Sämtliche Eltern pubertierender Kinder stellen sich diese Frage mindestens fünfmal am Tag. Kaum schlafen die lieben Kleinen durch, kaum beherrschen sie die Kunst des Schuhbänderzubindens, kaum essen sie mit Messer und Gabel, kurzum: kaum sind sie aus dem Gröbsten raus, geht das ganz Grobe erst so richtig los: Pubertät. Ein Monster, das dem gerade noch so niedlichen Buben über die Schulter glotzt, wie es die Mutter von Marcus und Julian schildert. Und hat das Monster erst einmal so richtig Besitz ergriffen vom Nachwuchs, stört nichts so sehr wie die Eltern. Sie sind peinlich und sollten sich am besten in Luft auflösen. Erheben sie Einspruch gegen die zunehmend irritierende Verhaltensoriginalität ihrer Kinder, bekommen sie ein geseufztes „Jetzt chill doch mal!" oder bloß Türenknallen zu hören. Doch gerade jetzt sind Eltern besonders wichtig.

Nicht immer bleibt es bei den kleinen Reibereien des Zusammenlebens, bei liegengelassenen Shirts, Rumgemotze und der Frage: Piercing, ja oder nein? Nicht selten bedeuten pubertierende Kinder durchwachte Nächte für die Eltern, die vor lauter Sorge wegen Schulproblemen, Angst vor Essstörungen oder Drogensucht und nicht mehr einzudämmendem Medienkonsum keinen Schlaf finden.

Damit alle Beteiligten die Zeit der Heulkrämpfe und Schreiduelle, der schrillen Kleidungsstile und ohrenbetäubenden Freizeitgestaltung möglichst unbeschadet überstehen, braucht es vor allem Humor, Selbstvertrauen und eine Extraportion Elternliebe. Die neuesten Erkenntnisse der Wissenschaft spenden Trost: Die Flegeljahre verlaufen nicht deshalb so flegelhaft, weil Eltern irgendwas falsch gemacht haben oder Kinder missraten sind. Die Turbulenzen in dieser Lebensphase sind der ganz normale Lauf der Dinge.

Liebe Leser!

Für dieses Buch haben Eltern ihre Erfahrungen geschildert, ihre Selbstzweifel, aber auch die Erkenntnisse, die sie aus dieser Zeit gewonnen haben. Jugendliche (ihre Namen und auch die der Eltern wurden geändert) zeigen ihre Sicht vom Erwachsenwerden auf, das für manche einfacher und für andere härter ist. Ihnen allen sei auf diesem Weg ganz herzlich für ihre Offenheit gedankt. Experten, die sich professionell mit Heranwachsenden beschäftigen, allen voran der Klinische und Gesundheitspsychologe Romeo Bissuti, der Mediziner und Sexualtherapeut Clemens Hammer, der Jugendforscher Bernhard Heinzlmaier und die Soziologin und Sexualtherpeutin Sabine Ziegelwanger, bieten neue Perspektiven an. Auch ihnen gilt mein Dank.

Aus den Unterhaltungen und Interviews wurde klar: Es glimmt ein Licht am Ende des Pubertätstunnels. Und es kommt der Tag, an dem man mit den Kindern, die ihre Kommunikation eben noch auf Dreiwortsätze beschränkten, an einem Tisch sitzt und ein ganz normales Gespräch führt, ein Gespräch unter Erwachsenen.

Elisabeth Tschachler

Inhalt

Pubertät ist, wenn das Gehirn spinnt

Foto: shutterstock/Andriy Zholudyev

Zu Anfang will man es nicht wahrhaben, aber bald wird klar: Das dauert und geht an die Substanz. War das Zusammenleben mit der Nachkommenschaft bis auf ein paar Trotzanfälle bisher noch recht erquicklich, wird es zum Härtetest, sobald die lieben Kleinen die 140-Zentimeter-Marke erreicht haben. Der Schrecken trägt einen Namen: Pubertät.

Jetzt sind sie reif

Pubertät, das kommt aus dem Lateinischen und heißt im Grunde nichts anderes als Geschlechtsreife. Streng genommen also bei Mädchen das Einsetzen der Regelblutung („Menstruation") und bei Buben die Ausbildung der sekundären Geschlechtsmerkmale. Aber eigentlich versteht man darunter eine längere Zeitspanne, früher einmal bezeichnenderweise „Flegeljahre" genannt.

Zwei Phasen der Pubertät

Laut Pschyrembels „Klinischem Wörterbuch" – das ist so etwas wie die Bibel der Mediziner – kann man zwei pubertäre Phasen unterscheiden. Die erste liegt bei Mädchen zwischen zehn und dreizehneinhalb Jahren, bei Knaben zwischen dem zwölften und 15. Lebensjahr. In der zweiten Phase sind Mädchen bis 15 und Burschen bis 17 Jahre. Das ist klarerweise nur der Durchschnitt, denn wie überall gibt es auch in der Pubertät Spätzünder. Ebenso wie es manche recht eilig haben, in die erste Pubertätsphase zu kommen, was die Fachleute „Pubertas praecox" nennen, die dann schon einmal mit acht Jahren einsetzen kann. In der letzten Zeit bemerkten Kinderärzte und Hormonspezialisten jedoch, dass die junge Generation insgesamt drei bis vier Jahre früher in die Pubertät kommt, als das bei ihren Urgroßeltern der Fall war (Blasberg 2007, Wüsthof 2006). Und bringen dieses Phänomen vor allem damit in Zusammenhang, dass die besseren Ernährungs- und Hygienebedingungen die Kinder früher wachsen lassen. Denn die Pubertät setzt meist gleichzeitig mit einem Wachstumsschub ein. Während manche Mädchen zuerst einmal in die Breite wachsen, um sich erst mit 14, 15 Jahren zu strecken, schießen die Buben förmlich in die Höhe, werden lang und dünn. „Bei Marcus war das schlagartig, dem konnte man regelrecht beim Wachsen zusehen", erzählt die Journalistin Barbara, 45, von ihrem jüngeren Sohn. Jedenfalls verschieben sich die Proportionen – oft so, dass die Heranwachsenden mit ihren plötzlich länger gewordenen Gliedmaßen nicht zurechtkommen und häufig stolpern oder irgendwo anstoßen (siehe auch Kasten „Die körperlichen Veränderungen") (► Seite 11, 12). Durch die früher einsetzende Pubertät verlagern sich auch die damit einhergehenden Probleme nach vorn. „Bei Julian schaute das Pubertätsmonster das erste Mal hinter dem Zehnjährigen hervor", erinnert sich Barbara an diese Phase bei ihrem älteren Sohn.

Der Beginn der Pubertät verschiebt sich nach vorne

Frühreife und Spätzünder

Der Körper eilt dem Geist voraus

„Meine Tochter hat die Regel sehr früh bekommen", berichtet die Kommunikationswissenschaftlerin Monika, 50, alleinerziehende Mutter zweier Kinder. „Damals konnte sie noch nicht einmal ordentlich lesen, sie war in der vierten Volksschulklasse. Keine ihrer Freundinnen war schon so weit. Sie hatte niemanden, mit dem sie sich darüber austauschen konnte. Das hat sie grantig gemacht, weil sie sich isoliert gefühlt hat. Der Körper ist dem Geist vorausgeeilt."

Eine 2010 veröffentlichte Studie der University of California, in der die Daten von 444 Mädchen ausgewertet wurden, hat gezeigt, dass Mädchen, die ohne ihren leiblichen Vater aufwachsen, die erste Regelblutung relativ früh haben. Was das eine mit dem anderen zu tun hat, ist bisher unklar. Die Studienleiterin Julianna Deardorff (2010) hat mehrere Erklärungen. Eine davon lautet, dass Mädchen ohne einen leiblichen Vater im Haushalt den Kontakt zu erwachsenen Männern suchen, mit denen sie nicht verwandt sind. Dadurch seien sie häufiger deren Pheromonen ausgesetzt, Duftstoffen, die unter anderem als Sexuallockstoffe dienen. Andererseits könnten die vaterlos aufwachsenden Mädchen ein Gefühl der Instabilität haben, das sie dazu treibt, so bald wie möglich eine eigene Familie zu gründen – was nur mit sexueller Reife möglich ist. Warum dieses Phänomen hauptsächlich in wohlhabenden Haushalten anzutreffen ist, stellt die Forscher ebenfalls noch vor ein Rätsel.

Körperliche Veränderungen bei Mädchen

Ungefähr mit zehn Jahren lassen die Wachstumshormone auch die Eierstöcke wachsen, die ihrerseits Östrogen produzieren, das die Drüsenkörper der Brüste anschwellen lässt. Auch die Gebärmutter nimmt an Größe zu und die Hüften beginnen sich zu runden. Dieser „Babyspeck" verschwindet für gewöhnlich, sobald die Mädchen insgesamt wachsen. Bis die Brüste voll entwickelt sind, kann es dann die ganze erste Pubertätsspanne dauern, also etwa drei Jahre (Blasberg 2007, Wüsthof 2006). Achsel- und Schamhaare sprießen. Mit rund zwölf Jahren kommt es erstmals zu einem Eisprung und zu einer Regelblutung (die Ärzte nennen sie „Menarche"). Aufgrund hormoneller Schwankungen ist der Menstruationszyklus bei den meisten Mädchen am Anfang noch recht unregelmäßig (Herold 2008).

Foto: shutterstock/stefanolunardi

Körperliche Veränderungen bei Knaben

Foto: shutterstock/AISPIX

Bei den Jungen fängt die Pubertät etwa ein bis zwei Jahre später an. Meist vergrößert sich zunächst der Penis, die Hoden produzieren vermehrt Testosteron, das männliche Geschlechtshormon, das unter anderem die Schambehaarung wachsen lässt. Ein Teil des Testosterons wird in Östrogen umgewandelt, das eine leichte Brustdrüsenschwellung verursachen kann, die meist nach zwei oder drei Jahren wieder verschwindet (Wüsthof 2006). Ungefähr zwei Jahre später kommt es – meist in der Nacht – das erste Mal zu einem Samenerguss. Auch auf dem Kinn sprießen die ersten Haare, obwohl sich die meisten jungen Männer erst mit 19, 20 Jahren regelmäßig rasieren müssen (Blasberg 2007). Durch die Vergrößerung des Kehlkopfs kommt es zum Stimmbruch, der sich über zwei Jahre erstrecken kann. Nach dem Längenwachstum verändern sich die Proportionen in Richtung typisch männlich: breite Schultern, schmale Hüften.

„Je frühreifer ein Mädchen ist, desto heftiger sind oft die Auseinandersetzungen, auf die es sich einlässt, insbesondere mit der Mutter", berichtet die Jenaer Entwicklungspsychologin Karina Weichold (2008). In Studien hat sich gezeigt, dass sich diese Mädchen emotional oft vergleichsweise wenig mit den Eltern verbunden fühlen und auch früher zu rauchen und Alkohol zu trinken anfangen als später pubertierende Mädchen. Diese hingegen geben bei Frustrationen schneller auf – was daran liegen könnte, dass sie nicht so wie früh Pubertierende schon zeitig lernen, mit problematischen Situationen umzugehen.

Spät Pubertierende sind Ziel von Hänseleien

Burschen wiederum, die früh geschlechtsreif werden, entwickeln laut Weichold mehr Selbstvertrauen und soziale Fähigkeiten. Der Grund dafür mag sein, dass sie aufgrund ihrer Körpergröße und besser ausgebildeter Muskeln für Mädchen attraktiver sind. Als Erwachsene erreichen sie oft beruflich höhere Positionen, sind für neue Erfahrungen jedoch weniger offen. Kommen Burschen erst spät in die Pubertät, werden sie deshalb oft gehänselt und greifen überdurchschnittlich häufig zu Alkohol.

Starkes Übergewicht kann ebenso wie Magersucht die geschlechtliche Reife bei Mädchen und Knaben verzögern.

Baustelle Hirn

Pubertät ist laut „Psychrembel" die „Entwicklungsperiode eines jungen Menschen, die durch geschlechtliche Reifung charakterisiert ist". Und mit „tiefgreifenden Veränderungen im körperlichen, seelischen und sozialen Bereich" einhergeht. Wie wahr.

Während man noch bis vor kurzem meinte, Pubertät, das sei hauptsächlich die Entwicklung der Sexualität, die sich auch an sprießenden Pickeln zeige, an einer irritierenden Muffigkeit und unkontrollierten Temperamentsausbrüchen, weiß man es heute besser: Pubertät, das heißt auch Totalumbau im Gehirn. Was sich da im Kopf abspielt, ist sogar wesentlich spektakulärer als das Wachsen der Brüste und das Gekringel der ersten Schamhärchen. Noch vor 20 Jahren war man auch der Ansicht, dass die Veränderungen des Gehirns bis zum sechsten Geburtstag erfolgen und dann großteils abgeschlossen sind, wobei die ersten drei Lebensjahre als entscheidend angesehen wurden. Bloß das Feintuning würde erst im Lauf der späteren Jahre stattfinden, war die gängige Forschermeinung. „Man nahm an, dass das Gehirn wie ein komplett fertig gebautes Haus sei, in dem nur noch die Möblierung umgestellt wird", umreißt es Jay Giedd (1999), Kinderpsychiater an einem der größten Forschungszentren der Welt, dem National Institute of Mental Health im US-Bundesstaat Maryland.

Totalumbau im Gehirn

Doch jetzt kann die Hirnforschung mit Hilfe moderner Technik feststellen, was im Gehirn von Menschen abläuft und wie sich gewisse Entwicklungen vollziehen. Der Psychologe Peter Uhlhaas misst am Frankfurter Max-Planck-Institut regelmäßig die Gehirnströme von Menschen verschiedener Altersstufen. Bei einem der Tests setzte er Kinder, Jugendliche und Erwachsene vor verfremdete Gesichter. Während die Probanden die Gesichter erkennen mussten – was ihnen umso einfacher gelang, je älter sie waren –, schwangen ihre Nervenzellen im Gehirn gleichmäßig. Nur bei den 15- bis 17-Jährigen zeigten sich chaotische, unkoordinierte Ausschläge (Koch 2010).

Chaotische Hirnströme

Erst nach und nach werden aus dem Wirrwarr der Informationsübertragung klar gezeichnete Transportwege. Es entstehen sozusagen neue Datenautobahnen in der Großhirnrinde, dort, wo höhere Denkaufgaben gesteuert werden (Konfusion im Kopf 2010). Voraussetzung dafür ist eine

Zunahme der weißen Substanz des Gehirns, jenen mit einer fettreichen Biomembran umgebenen Nervenfasern, die die Impulse der Nervenzellen weiterleiten. Je besser die Fasern umhüllt sind, desto flotter werden die Informationen transportiert. Gleichzeitig wird das Gehirn aber auch an anderer Stelle anatomisch renoviert. Bis zur Pubertät kann sich das Volumen der grauen Gehirnsubstanz, in der die Nervenzellen der Großhirnrinde gebildet werden, innerhalb eines einzigen Jahres verdoppeln. Mit Beginn der Pubertät kommt es jedoch aufgrund nicht genutzter Zellen zu einem dramatischen Gewebeverlust (Giedd 1999). Bis zu 30.000 Nervenverbindungen können dabei pro Sekunde zugrunde gehen (Koch 2010).

Nicht genutzte Nervenzellen gehen zugrunde

All das braucht Zeit. Die Baustelle ist länger in Betrieb, als nur bis zum bisher definierten Ende der Pubertät (▶ Seite 10). So können diese Hirnreifungsprozesse schon mal bis zum 25. Lebensjahr dauern.

No risk, no fun

Lernen, den eigenen Körper zu bewohnen

Dieser im wahrsten Sinn des Wortes tiefgreifende Wandel kann nicht sang- und klanglos abgehen. Die jungen Wesen müssen „den eigenen Körper bewohnen lernen", wie die Psychologen das nennen. Plötzlich spüren sie Gefühle aufwallen, die sie vorher nicht gekannt haben. Sie beobachten, wie ihr Körper sich verändert. Oft so, wie sie es nicht wollen, weil die Ideale, die ihnen die bunte Bilderwelt vorgaukelt, anders aussehen. Das irritiert sie und macht sie unleidlich. Der Gehirnumbau ist auch der Grund für geistige und seelische Entwicklungsschritte, die Wissenschaftler immer öfter auch als „Adoleszenz" bezeichnen (Lenze 2002). Das Gehirn gibt den Befehl: Es ist jetzt an der Zeit, dass du dein Leben selber in die Hand nimmst. „Sie müssen sich abseilen aus dem Schutz der Erwachsenen", umschreibt Barbara diese Phase, in der ihr jüngerer Sohn gerade steckt. „Durch dieses Hormon-Auf-und-Ab, durch das Weltanschauungs-Auf-und-Ab, da muss jeder durch. Aber es ist sicher schwieriger, wenn man in der Kinderrolle festgehalten wird, während man dabei ist, alles zu hinterfragen und neu zu erfinden."

Das äußert sich dann so, dass die Heranwachsenden urplötzlich kein Interesse mehr an den Dingen haben, die sie vor kurzem noch fesselten; dass Freunde wichtiger werden als die Eltern; dass die bisher so lieben

Kleinen renitent und überempfindlich werden und dass sie sich in Situationen begeben und in Abenteuer stürzen, wo Erwachsenen schon beim bloßen Zuhören die Luft wegbleibt.

Wie waghalsig Jugendliche sein können, ist unter anderem auf YouTube zu sehen: Sie turnen auf den Dächern dahinbrausender Intercity-Züge, klettern auf Autobahnbrücken herum und werfen einander, an Sessel gefesselt, ins Wasser. Freilich handelt es sich dabei um die Zeugnisse ganz besonderer Großtaten jugendlichen Leichtsinns, doch „No risk – no fun" scheint der Glaubenssatz so mancher Heranwachsender zu sein. Entsprechend hoch sind die Unfallszahlen in der Altersgruppe der 15- bis 24-Jährigen: Jede halbe Stunde stirbt in Europa ein Jugendlicher bei einem Unfall. Seinen Mut zu demonstrieren bedeutet aber nicht nur, sich Hals über Kopf mit dem Snowboard einen Steilhang hinunter zu stürzen oder über fahrende Autos zu springen. Es bedeutet etwa auch, Drogen auszuprobieren und sich in soziale Situationen zu begeben, deren Ausgang oft nicht abschätzbar ist. Jugendliche wollen das Risiko selbst erkunden, wissen Pädagogen und Unfallforscher. Mit gutem Zureden, dem Androhen von Taschengeldentzug oder dem noch so plastischen Ausmalen von gesundheitlichen Folgen ist da nicht viel zu erreichen. Im Gegenteil: Predigten oder Verbote können im Umgang mit jungen Menschen sogar kontraproduktiv sein (Tschachler 2008).

Hohe Unfallzahlen unter den Jugendlichen

Der Grund für solche halsbrecherischen Aktionen liegt nach den neuen wissenschaftlichen Erkenntnissen darin, dass als positiv Erlebtes – und dazu gehört auch der Kick eines Wettrennens mit dem Mofa – ein bestimmtes Areal im Gehirn bei Jugendlichen wesentlich stärker stimuliert als bei Erwachsenen oder bei Kindern. Das bedeutet, dass auch die Reaktionen darauf über die Maßen stark ausfallen können (Wüsthof 2006). Stakst das Idol auf die Bühne und grinst lässig ins Publikum, werden weibliche Teenies reihenweise ohnmächtig. Und das Teenagerhirn giert förmlich nach dieser starken Stimulation. Umgekehrt sind schwächere Stimulanzien, etwa Ereignisse, an denen Erwachsene sich erfreuen können – ein beschaulicher Spaziergang im Wald oder ein Theaterbesuch –, für die Heranwachsenden urfad. Dazu kommt, dass sich die kognitiven Fähigkeiten, also alles, was mit Aufmerksamkeit, Lernen, Planen, Kreativität zusammenhängt, früher entfalten als moralische Vorstellungen. Denn das Frontalhirn, wo die Vernunft sitzt, entwickelt sich später als das übrige

Das Gehirn giert nach starken Stimulanzien

Foto: shutterstock/Sean D

Verpuppung

Manche vergleichen die Pubertät mit einer Phase der Verpuppung. Das vor sich hin plappernde und umhertollende Kind spinnt sich ein und wird zur wortkargen Puppe, die allerhöchstens in Dreiwortsätzen kommuniziert. Da die Veränderungen in ihrem Inneren viel Energie benötigen, bewegt sich die Puppe „folglich nur sparsam, sie liegt meistens auf ihrem Bett und chillt, ihre Kontakte mit der Außenwelt beschränken sich im Wesentlichen auf die Sätze ‚Ich habe Hunger' und ‚Wir brauchen Milch'", beklagte der Kolumnist Harald Martenstein (2008), Vater eines 16-jährigen Sohnes, im „Zeitmagazin". „Ich denke manchmal, wir sollten gemeinsam etwas tun. Fußball. Kino. Museum. Aber er lehnt meistens ab, vor allem das Museum."

Gehirn, bei Knaben sogar noch später als bei Mädchen (Wüsthof 2006). Das könnte so manchen blöden Bubenstreich erklären, denn das Frontalhirn ist auch für das Abschätzen der Folgen einer Handlung zuständig.

Programmwahl

Die Erkenntnisse der Wissenschaftler, dass die Pubertät eine entscheidende Entwicklungsphase darstellt, in der das Gehirn programmiert wird, bedeuten allerdings auch, dass die Heranwachsenden Einfluss darauf nehmen können, welche Programme in ihrem späteren Leben ablaufen werden. Couchpotato oder Marathonläufer, Cellospieler oder passionierter Sudokulöser – „die Vernetzung und damit die Nutzung des Gehirns hängt von den Tätigkeiten ab, mit denen sich Jugendliche beschäftigen, sei das nun Sport, Musik oder geistige Aktivitäten", sagt der Kinderpsychiater Jay Giedd. Und das bedeutet für Eltern und Lehrer, dass es auch an ihnen liegt, die Jugendlichen entsprechend zu fördern.

Das Gehirn braucht Vorbilder

„Das Gehirn braucht Vorbilder, anhand derer es sich entwickeln kann", ist sich die Stuttgarter Kinder- und Jugendpsychotherapeutin Christiane Lutz sicher und verweist auf Initiationsriten in manchen Kulturen, in denen die Heranwachsenden von Erwachsenen ins Erwachsenenleben eingeführt werden (Werner 2010). Wobei Lutz ein Vorbild nicht im traditionellen Sinn verstanden wissen will, sondern eher als Anregung, als Möglichkeit, wie man etwas tun, wie man sich verhalten kann. Junge Menschen brauchen ganz einfach Erwachsene, die an ihnen interessiert sind, ihnen zuhören und ihnen andererseits ihre eigenen Geschichten und Erfahrungen vom Großwerden erzählen, so Lutz.

„Ich denke, man kann nicht erwarten, dass die Kinder immer von selber kommen", sagt auch die zweifache Mutter Barbara. „Solange sie klein sind, hat man sie immer um sich und bekommt alles mit, was sie bewegt. Später sind sie dann in der Schule und in der Freizeit hauptsächlich mit ihren Freunden zusammen. Da muss man dann selber auch mal aus sich herausgehen und erzählen, was einen so bewegt, dann öffnen sie sich schon."

Pubertierende brauchen Erwachsene, die an ihnen interessiert sind

Verletzlich durch Umstrukturierung

Der Botenstoff Neurokinin B ist es, der die Pubertätsuhr zum Ticken bringt. Produziert wird er im Hypothalamus, einem Abschnitt des Zwischenhirns. Neurokinin B wiederum löst eine Kaskade mehrerer Moleküle aus, die schließlich in Eierstöcken bzw. Hoden das Signal geben zur vermehrten Produktion der Geschlechtshormone Östrogen und Testosteron (Koch 2010). Doch die hormonell bedingten Veränderungen beschränken sich nicht aufs Gehirn und auf die Ausbildung der Sexualität. Der damit schlagartig veränderte Stoffwechsel kann Ursache für das Auftreten verschiedener Krankheiten sein, die sich in der Pubertät erstmals zeigen. So setzt der insulinabhängige Diabetes Typ 1 in 30 Prozent der Fälle in der Pubertät ein (Lentze 2002). Auch gewisse Schilddrüsenerkrankungen treten gehäuft in den Entwicklungsjahren auf. Akne ist typischerweise auf die Jahre der Pubertät beschränkt (► Seite 91 ff.), während umgekehrt die chronisch-entzündliche Hauterkrankung Neurodermitis in den meisten Fällen mit Einsetzen der Pubertät zurückgeht oder ganz verschwindet.

Manche Krankheiten entstehen in der Pubertät

Vor allem sind es aber viele psychische Erkrankungen, die sich in diesem Alter entwickeln, beispielsweise die Schizophrenie, aber auch Depressionen, Angsterkrankungen und Essstörungen (► Seite 84ff.). Neurologen erklären sich diese Tatsache damit, dass das Gehirn, während es einer massiven Umstrukturierung unterworfen ist, besonders verletzlich ist. „Es ist offensichtlich, dass in der Umbauphase des Gehirns wäh-

Foto: shutterstock/Kuzma

Pokerface

Das Gesicht von Heranwachsenden spricht Bände. Oder eben nicht. Während kleine Kinder leuchtende Augen bekommen, wenn man ihnen eine Tafel Schokolade schenkt, üben sich Pubertierende im Pokerface. Der Grund: Sie wollen ihr Innerstes nicht mehr preisgeben. In bunten Bildern und auf Video konnte das der Bonner Erziehungswissenschaftler Volker Ladenthin dokumentieren (Heidemann 2008). Mit seinem Team filmte er zweimal im Jahr die Klasse eines Bonner Gymnasiums – von der Ersten bis zum Maturajahr. Vor allem in der Pubertät würden es die Heranwachsenden als Kränkung empfinden, dass die Lehrer sie immer noch wie Erstklässler behandelten, resümiert Ladenthin. In der fünften und sechsten Klasse legten die Schüler besonders großen Wert auf ihre Privatsphäre. Sie zeigten während des Unterrichts keinerlei Gemütsregung – was laut Ladenthin ganz und gar nicht Desinteresse bedeute. Gleichzeitig mit der vermeintlichen Unbeteiligtheit lieferten sie jedoch Aktionen, bei denen Eltern wie Lehrer die Hände über dem Kopf zusammenschlugen. So färbten sich zwei der Schüler in der sechsten Klasse die Haare knallgelb. In der Achten war der Spuk dann vorbei: Das Video zeigt junge Männer, die in jeder Hinsicht aktiv am Unterricht teilnehmen.

rend der Adoleszenz der Schlüssel zu vielen Krankheiten liegt", sagt der Psychologe Peter Uhlhaas und wundert sich, dass das nicht schon früher entdeckt wurde (Koch 2010).

Böse und faul

„Keine Hoffnung in die Zukunft des Landes"

„Die heutige Jugend ist von Grund auf verdorben, sie ist böse, gottlos und faul. Sie wird niemals so sein wie die Jugend vorher, und es wird ihr niemals gelingen, unsere Kultur aufrechtzuerhalten." Gespräch zweier nicht mehr ganz junger Damen im Bus? Unterhaltung in einem Lehrerzimmer? Nein, die Inschrift einer Tontafel im alten Babylon, die auf den Zeitraum um 1.000 vor Christi datiert wird. In ein ähnliches Horn stieß der Philosoph Aristoteles 600 Jahre später: „Ich habe überhaupt keine Hoffnung mehr in die Zukunft unseres Landes, wenn einmal unsere Jugend die Männer von morgen stellt. Unsere Jugend ist unerträglich, unverantwortlich und entsetzlich anzusehen." Die Einstellung, dass die „heutige Jugend" Dinge treibt, die ihre Altvorderen nie getan hätten – oder Dinge nicht so treibt, wie ihre Altvorderen es gerne hätten –, hat sich in den letzten 3.000 Jahren nicht geändert.

Kinder als unfertige Erwachsene

Dabei wurde das, was heute als Kindheit und Jugend bezeichnet wird, gar nicht zu allen Zeiten als eigene Lebensphase wahrgenommen. Im Mittelalter hielt sich der Nachwuchs, sobald er nicht mehr die volle mütterliche Fürsorge und Zuwendung brauchte, unter Erwachsenen auf und wurde, vor allem in den oberen Schichten der Gesellschaft, als unfertiger Erwachsener angesehen, als nettes, amüsantes Spielzeug, beschreibt der französische Historiker Philippe Ariès (1994) in seinem Standardwerk „Geschichte der Kindheit". Erst der Genfer Philosoph Jean-Jacques Rousseau sagte klipp und klar: „Man muss den Erwachsenen als Erwachsenen und das Kind als Kind betrachten." Diese neue Einstellung hatte ihren Grund auch darin, dass die Moralisten und Erzieher der Aufklärung befunden hatten, dass man die Kinder verwöhnt und schlecht erzieht, wenn sie insbesondere bei Tisch immer mit Erwachsenen zusammen sind. Mit den aufklärerischen Schriften wurden die Kinder und Jugendlichen zum Zentrum psychologischen Interesses. Um die Erziehungsmethoden dem kindlichen Niveau anpassen zu können, war es wichtig, zu verstehen, was in den Heranwachsenden vorgeht.

Unbeliebte Wahrheiten in der Literatur

Und das, was man entdeckte, war nicht immer erfreulich. Vor allem stimmte es nicht immer mit dem überein, was die Erwachsenen gern gesehen hätten. 1891 vollendete der damals 26-jährige Frank Wedekind sein Theaterstück „Frühlings Erwachen". Sechs Jahre zuvor hatte sich sein Schulkollege Moritz erschossen und wurde mit dieser Tat zum Vorbild des gleichnamigen Helden in Wedekinds Stück. Auf die Bühne kam das Drama allerdings erst fast 20 Jahre später, denn die Zensur hatte ihre liebe Not damit: Sex unter Schülern, ungewollte Schwangerschaft, Abtreibung, Selbstmord – das war denn doch zu arg. Immer wieder haben sich seither Schriftsteller, Dramatiker und Filmemacher der Nöte und Sorgen Heranwachsender angenommen. Die Beispiele sind zahlreich: Robert Musil in seinem ersten Roman „Die Verwirrungen des Zöglings Törleß", in dem er die fatale Gruppendynamik in einem Internat beleuchtet; Friedrich Torberg in „Der Schüler Gerber", dem tödlich endenden Machtkampf zwischen einem intelligenten, aber faulen Schüler und einem herrschsüchtigen Lehrer; Jerome David Salinger, der in „Der Fänger im Roggen" das Psychogramm eines Pubertierenden zeichnet und sich dabei einer für die amerikanischen Zensoren zu derben Jugendsprache bediente, sodass das Buch erst einmal verboten wurde, ehe es dann auf der Bestsellerliste landete; „Denn sie wissen nicht, was sie tun" – James Deans vorletzter Film, der die Orientierungslosigkeit einer Gruppe Jugendlicher aus gutbürgerlichem Haus aufzeigt; der autobiografische Roman „Crazy" des 16-jährigen Benjamin Lebert, der durch eine halbseitige Lähmung gehandikapt ist und sich deshalb in besonders exponierter Situation befindet; und schließlich „Generation Geil", das Buch, in dem die 16-jährige Schülerin Katharina Weiß ihre Freunde sich selbst porträtieren lässt und damit ein authentisches Bild der Jugend im Jahr 2010 liefert.

„Denn sie wissen nicht, was sie tun"

Jugend, damals

Ob zur vorletzten Jahrhundertwende oder 2010: Immer geht es in den Büchern, Filmen, Theaterstücken um Schulprobleme, die Leiden der Liebe, das Ausgegrenztsein von den Gruppen Gleichaltriger und um das Unverständnis der Eltern. Das war in der Zeit zwischen 1955 und 1975, als die heutige Elterngeneration aufwuchs, besonders groß. Umgekehrt bürstete „die heutige Jugend" von damals die Erwachsenen auch besonders hart gegen den Strich. Ob Rock oder Pop, Mini oder Maxi, Rowdies oder Hippies – die Alten waren fassungslos und hielten mit ihrem Unmut auch nicht hinterm Berg. Mädchen in kurzen Röcken? Allesamt Flittchen. Burschen mit langen Haaren? Haschraucher und Gammler. Beatles, Stones, Jimi Hendrix? Katzenmusik, nicht anzuhören, das Gejaule.

Die Alten waren fassungslos

Mit nicht immer friedlichen Massendemonstrationen, Schul- und Hörsaal-Sit-ins und dem Marsch durch die Institutionen verscheuchten die Jugendlichen schließlich den 1.000 Jahre alten Muff aus den Talaren, durchfluteten alle Lebensbereiche mit Demokratie und krempelten nach und nach die Gesellschaft um.

„Ich war vehement bis aggressiv", erinnert sich Monika, Jahrgang 1960. Aus der Klosterschule – lauter Mädchen – flog sie mit zwölf hinaus,

„weil ich dort schon etwas aufmüpfig war". Ihre eigene, heftige Pubertät hat Monika „noch in sehr guter Erinnerung. Deshalb verzeihe ich meiner lieben Tochter sehr viel. Wobei der feine Unterschied ist: Ich bin in einem extrem katholischen, konservativen Umfeld aufgewachsen, das heißt, wir sind damals noch am Sonntag in die Kirche gegangen, und Burschen oder Männer waren in meiner Umgebung überhaupt nicht akzeptiert."

Jugend zwischen Kirchgang und Demo

Barbara, Jahrgang 1965, brachte ihren Protest gegen eine autoritäre Mutter zum Ausdruck, indem sie sich grün-alternativem Gedankengut verschrieb und auf jeder Demo anzutreffen war. Ein Engagement, das sie bei ihren beiden Söhnen nur in verbalen Äußerungen bemerkt und darin, dass „sie nicht mehr aus Plastikflaschen trinken".

Null Ambition?

War die heutige Elterngeneration in ihren Jugendtagen zumeist politisch aktiv bis weltverbessernd unterwegs, wird der „heutigen Jugend" immer wieder vorgeworfen, interesselos, zu angepasst, zu sehr auf Spaß und Statussymbole aus zu sein. Und wie sieht die Jugend das selbst?

Seit gut 100 Jahren werden das Verhalten von Jugendlichen, ihre Einstellungen und das, was sie bewegt, wissenschaftlich erforscht. Ganz klar ist in der relativ jungen Disziplin der empirischen Jugendforschung zwar nicht, mit welcher Altersgruppe man sich nun eigentlich beschäftigt. Denn, so erstaunlich es klingen mag, die Zeit, die heute gemeinhin als Jugend angesehen wird, erstreckt sich bereits bis zu einem Alter von 25, je nach Wissenschaftler und Institut sogar bis zum Alter von 29 Jahren, also weit über die Pubertät hinaus. Insgesamt ist die Zeit zwischen Kindheit und Erwachsenenalter länger geworden. Das hat auch einen biologischen Grund. Während Mädchen um 1840 die erste Regelblutung für gewöhnlich mit 17 Jahren hatten, ist das heute bereits mit zwölf Jahren der Fall (► Seite 10). Und bei Burschen fielen die Sängerknaben zu Zeiten Josef Haydns wegen Stimmbruchs mit 18 Jahren aus, heute tun sie das bereits mit 13 (Werner 2010). Die meisten empirischen Jugendstudien untersuchen jedenfalls das Verhalten junger Menschen von zwölf bis 25 Jahren, das heißt, sie setzen dort an, wo auch die Pubertät beginnt.

Die Zeit zwischen Kindheit und Erwachsenenalter ist länger geworden

Eine der bekanntesten Jugendstudien im deutschen Sprachraum ist die seit 1953 in regelmäßigen Abständen durchgeführte Shell-Studie. Die aktuellste stammt aus dem Jahr 2010. 2.500 Jugendliche im Alter von 12 bis 25 Jahren nahmen an der letzten Fragebogenerhebung teil. Sie mussten ihre eigene Situation einschätzen und ihre Entfaltungsmöglichkeiten unter den jeweils gegebenen Lebensbedingungen bewerten. Darin zeigte sich, dass im Vergleich zu den vorangegangenen Studien immer mehr Jugendliche sozial engagiert sind: 39 Prozent setzen sich für gesellschaftliche Zwecke ein. 70 Prozent finden, man müsse sich gegen Missstände in Arbeitswelt und Gesellschaft zur Wehr setzen. Der Klimawandel ist laut Shell-Studie ein Thema, das Jugendliche besonders stark beunruhigt. 76 Prozent halten ihn für ein großes oder sogar sehr großes Problem, zwei von drei fürchten sogar, dass die Existenz der Menschheit dadurch bedroht sein könnte. Insgesamt hat das politische Interesse in den letzten acht Jahren zugenommen, wenngleich der Stellenwert von Politik bei jungen Menschen seit Mitte der 1980er-Jahre deutlich gesunken ist. Schätzten sich 1984 noch 55 Prozent der Jugendlichen als politisch interessiert ein, waren es 2002 nur mehr 34 Prozent, 2010 jedoch wieder 40 Prozent (Mathias 2010).

Soziales Engagement unter Jugendlichen

Bernhard Heinzlmaier (2008), Mitbegründer und Vorsitzender des Wiener Instituts für Jugendkulturforschung und Leiter der tfactory-Trendagentur in Hamburg, ist hingegen in seinen Studien zu dem Schluss gekommen, dass Jugendliche heute bei allem, was sie tun, nach dem persönlichen Benefit fragen. Das habe zur Folge, dass sich junge Menschen nur dann politisch engagieren, wenn sie sich einen persönlichen Nutzen davon versprechen, zumal in der Vorstellung vieler Jugendlicher Wahrheit und Politik nahezu unvereinbar seien. Die Politik werde sich eben damit abfinden müssen, dass sie über den alle gleichmachenden Leisten des Marktgesetzes gezogen wird, so Heinzlmaier. Dazu passt, dass die Heranwachsenden in dieser kalten, leistungsorientierten Konsumgesellschaft laut Shell-Studie nach persönlichem Erfolg streben. Mehr als drei Viertel meinen, man brauche eine Familie, um glücklich leben zu können.

Wahrheit und Politik sind für Jugendliche unvereinbar

Ganz anders als die meisten ihrer eigenen Eltern sind die Jugendlichen heute damit einverstanden, wie sie erzogen wurden. 90 Prozent geben an, ein gutes Verhältnis zu ihren Eltern zu haben. Kein Wunder, meint Jugendforscher Bernhard Heinzlmaier: „Untersuchungen zeigen, dass die

Eltern heute weitaus mehr Verständnis für Lebensweise und Lebenskultur ihrer Kinder aufbringen", schreibt er in dem Bericht „Konsum, Lebensstil, Jugendkultur" (► Seite 112). In der Theorie stimmen zudem die meisten Eltern mit den Psychologen überein, dass die Erziehung bereits abgeschlossen ist, wenn die Kinder in die Pubertät kommen. „Die Zeit der Erziehung hört auf mit zehn. Punkt. Ich kann nur darauf vertrauen, dass ich ihnen die ersten zehn Jahre etwas mitgegeben habe", sagt Monika. Der Spruch „Solange du die Füße unter meinen Tisch stellst …", verbunden mit diversen Geboten, Bevormundungen und Drohungen kommt der heutigen Elterngeneration kaum noch über die Lippen. Außerdem steht heute in den meisten Familien mehr Wohnraum zur Verfügung, was die Situation ebenso entschärft: Man kann sich leichter aus dem Weg gehen, wenn die Luft wieder mal spannungsgeladen ist. Mit ein Grund, warum die jungen Menschen heutzutage länger bei Mama und Papa wohnen bleiben. Es herrscht eben heute mehr Harmonie in den Familien. Behauptet zumindest Bernhard Heinzlmaier.

Man kann sich heute leichter aus dem Weg gehen

Also alles paletti?

Foto: shutterstock/Goodluz

Nicht mehr Kind

Foto: shutterstock/studiots

Outfit und Taschengeld, Zimmeraufräumen und der neue Freund der Mutter: Reibungspunkte genug im Zusammenleben mit Pubertierenden. Doch Reibung erzeugt Wärme.

Körpersprache

Therese sitzt auf dem Stuhl und lässt die Beine über die Armlehne baumeln. Sie trägt die blonden Haare lang, lose hochgesteckt, ein paar Strähnen fallen über die Ohren. An ihrem Handgelenk reihen sich sieben bunte Bänder aneinander, die Eintrittskarten verschiedener Rockfestivals, die sie in den letzten Jahren besucht hat. Therese trägt einen Ring durch die Nasenscheidewand, und unter ihrer Unterlippe ragt rechts und links je ein silbernes Kügelchen heraus. „Snakebites", lächelt die knapp 16-Jährige. So nennt man diese Art Piercing. „Ein ganzes Jahr hat es gedauert, bis meine Mutter endlich eingewilligt hat." Was man wegen der Haare nicht gleich sieht, ist eine andere Verzierung: Tunnel in ihren Ohren, die sie mithilfe immer größerer Ringe langsam, aber sicher weitet. Keine ihrer Freundinnen hat so etwas. „Ich hasse Leute, die sagen: ‚Warum verschandelst du dich so?'", sagt Therese. „Für mich ist es Schmuck."

„Für mich ist es Schmuck"

Thereses Mutter ist weniger begeistert von den Löchern im Gesicht ihrer Tochter. Zu Anfang sorgte der Aufputz für Dauerzündstoff, entsprechend war die Stimmung in der Familie: „Wahrscheinlich war ich auch grenzüberschreitend unterwegs. Ich habe nicht verstanden, dass ich sie einfach lassen musste. Sie ununterbrochen zu reglementieren – zieh dich anders an, tu dies, tu jenes, räum dein Zimmer auf – das hat nicht funktioniert. Und dadurch, dass ich permanent kritisiert habe, war schon eine Grundstimmung da", erinnert sich die 50-jährige Kommunikationswissenschaftlerin.

Auch in Gretes Familie war Piercing lange Zeit ein Thema. „Maria hat sich ein Nabelpiercing machen lassen, obwohl sie ganz genau wusste, dass ich das nicht will", erzählt die 54-jährige Mutter von vier Kindern. „Was mich besonders ärgerte, war dieser Vertrauensbruch." Vor ihrem Vater hielt Maria das Piercing noch zwei weitere Jahre geheim. Das war schwierig, denn damals war nabelfrei angesagt und sie musste das knappe Shirt in Papas Anwesenheit immer über den Bauch ziehen.

Ärgerlicher Vertrauensbruch

Viel müssen die jungen Leute heute treiben, damit sie in dieser bunten Welt überhaupt wahrgenommen werden. Und damit sie sich von ihren Eltern unterscheiden. In einer Zeit, in der Mütter die knallengen Hosen ihrer Töchter so chic finden, dass sie sich in dasselbe Modell zwängen; in einer Zeit, in der Väter die gleichen Musikvideos anschauen wie ihre

Söhne, ist es für die Heranwachsenden zunehmend schwierig, sich auf dem Weg ins Erwachsensein von den Altvorderen abzugrenzen. Während die Generation der 50- bis 60-Jährigen partout nicht ins ältere Fach wechseln will und Anti-Aging zum Schlachtruf gemacht hat, muss die Jugend schon sehr laut schreien, um gehört zu werden, und mit Extremen zeigen, dass zum Jungsein doch etwas anderes gehört, als die peinlichen Alten meinen. Sie tun das mit Piercings an interessanten Körperstellen, mit grün gefärbten Haaren, mit Ganzkörpertattoos, Grunge-, Emo- oder Gothic-Look, mit Hosen, die jeden Augenblick über die Pobacken zu rutschen drohen und aus denen oben der String-Tanga lugt, oder Make-up in zentimeterdicken Schichten.

„Ich versuche manchmal, ihr Menschen zu zeigen, die sich so herrichten wie sie, zu sagen: Gefällt dir das?", erzählt Monika, die sich mit dem Tigerlook und den tiefschwarz umränderten Augen ihrer Tochter so gar nicht anfreunden kann. „Damit sie ihr Abbild auf der anderen Seite sieht. Nicht nur im Spiegel, sondern Typen von Menschen auf der Straße. Ob sie die Assoziation hervorrufen will, die diese Menschen hervorrufen. Aber ich bin ertappbar, sie weiß dann sehr genau, warum ich das sage."

„Ich bin ertappbar"

Während Monika die Erfahrung gemacht hat, dass es besser ist, nichts zu sagen, sprechen andere Eltern Reibungspunkte ganz gezielt an. „Ich

Sicher ist sicher

Für die Hautdurchlöcherung ist es am besten, sich einem Arzt anzuvertrauen, der über die notwendigen anatomischen Kenntnisse verfügt, zumal bei Intimpiercings. Wird es nicht sachgemäß durchgeführt, kann das Durchbohren der Haut unangenehme Folgen haben: chronische Entzündungen, Infektion mit Keimen und schlimmstenfalls Funktionsbeeinträchtigungen durch die Verletzung von Nerven. Von Zungenpiercings raten Zahnärzte überhaupt ab, weil durch das permanente Aufschlagen des Metalls der Zahnschmelz in Mitleidenschaft gezogen wird und sich dadurch leichter Karies bilden kann. Sinnvoll ist auch, sich zuerst zu vergewissern, dass Tochter oder Sohn nicht an einer Nickelallergie leiden. Es ist die häufigste Kontaktallergie, und nicht in allen Ländern ist die Verwendung von Nickel in Modeschmuck so streng geregelt wie in der EU. Das ist vor allem dann zu beachten, wenn Schmuck übers Internet bestellt oder im Urlaub gekauft wird.

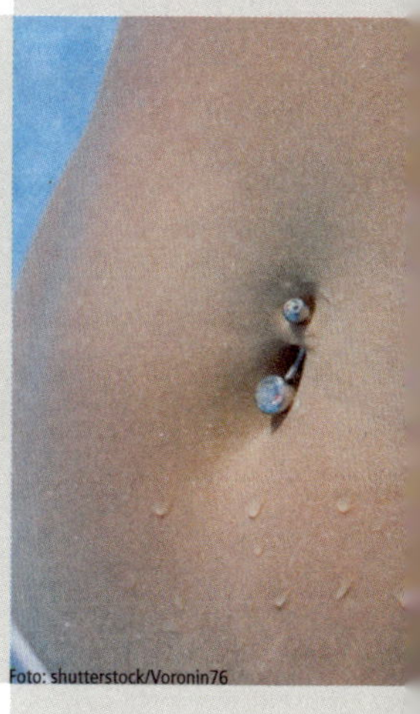

Foto: shutterstock/Voronin76

rede dann schon mit ihnen", sagt Grete, die an einer Kooperativen Mittelschule unterrichtet. „Ich sage ihnen, der steht dir aber gut, dieser Lidschatten. Oder aber: ‚Ich würd' den Lidstrich ein bisschen dünner machen.' Und dann diskutiert man halt. Wenn sie sagen: ‚Mir gefällt es aber so', ist das auch okay." Und sie hat bemerkt, dass ihre Schülerinnen und Schüler sich über diese Bemerkungen freuen, weil sie sich in dem, was sie tun, wahrgenommen fühlen. Dazu gehört sicher auch, dass man ganz ohne Panikmache mit den Heranwachsenden darüber spricht, wie wichtig es ist, sich für Piercings oder Tattoos nur in vertrauensvolle Studios zu begeben (siehe Kasten ► Seite 27). Oder mit den Mädchen darüber, dass sie mit gewissen Kleidungsstücken Zeichen setzen, Signale aussenden, die vielleicht an der falschen Adresse ankommen oder die sie gar nicht senden wollen.

Das Äußere setzt Signale

Verbissene Sache

Teenager und gesunde Ernährung – das ist ungefähr so kompatibel wie das Ladekabel eines Nokia-Handys mit einem iPhone. Manchmal ist es zu viel, manchmal zu wenig, was die Heranwachsenden so zu sich nehmen. Ganz nach dem Motto von Kate Moss, „Nothing tastes as good as skinny feels" neigen vor allem Mädchen dazu, wie die Spatzen zu essen. „Gläschenkost", die in Gläser abgefüllte Breinahrung für Babys, ist bei den pubertierenden Mädchen äußerst beliebt. Und äußerst wenig nahrhaft, schließlich ist sie als Beikost für voll gestillte sechs Monate alte Säuglinge konzipiert. „Wenn ich mit meinen Nichten essen gehe, dann verzweifeln die schier an der Speisekarte", erzählt Barbara. „Sie wissen einfach nicht, was sie bestellen sollen, alles ist zu fett, zu üppig." Wahrscheinlich ist die sprichwörtlich schlechte Laune weiblicher Teenager direkt auf diese Art von Dauerdiät zurückzuführen. Das jahrzehntelang und zuweilen auch heute noch verteufelte Fett erfüllt im Körper nämlich wichtige Funktionen: etwa als Energie- und Wärmespeicher und als Stoßdämpfer für die inneren Organe. Die Fettmoleküle selbst sowie das Cholesterin, das im strengen Sinn kein Fett ist, sind für viele Stoffwechselvorgänge wichtig. Dass eine Verringerung der Zufuhr unmittelbar mit aggressiverem und

Dauerdiät und schlechte Laune

depressivem Verhalten einhergeht, hat sich in Studien gezeigt, in denen die medikamentöse Senkung der Blutfettwerte untersucht wurde. „Speziell bei Frauen ist hier ein uralter Stoffwechselmechanismus aktiv", schreibt der Gesundheitsjournalist Bert Ehgartner in seinem Buch „Gesund bis der Arzt kommt" (2010). „Sobald der Fett- und Zuckerspiegel unter ein bestimmtes Niveau abfällt, bricht der Katzenjammer aus."

Katzenjammer durch sinkenden Zuckerspiegel

Buben wiederum haben die Angewohnheit, Berge von Nahrungsmitteln in sich hineinzuschaufeln, die zwar durchaus kalorienreich sind, aber auch nicht immer dem Ideal gesunder Ernährung entsprechen. Pommes und Pizza, Leberkässemmeln und Krainerwürste – man staunt immer wieder, was die Burschen so verdrücken können. Aber schließlich wachsen die jungen Leute ja auch enorm. „Meine Söhne tun sich nicht schwer bei der Bestellung im Restaurant", so Barbara weiter: „Steak, am besten blutig, mit einer Riesenportion Kartoffeln und hinterher eine Nachspeise."

Wie immer zählt auch bei der sinnvollen Ernährung das Vorbild mehr als alle ermahnenden Worte, und seien sie noch so liebevoll dargebracht. Wer selbst öfter mal eine Mahlzeit durch einen Sack Chips ersetzt, viermal in der Woche beim Drive-in-Fastfood stehen bleibt und „Desperate Housewives" nicht ohne eine Familienpackung Vanilleeis ansehen kann, der mag seinen Kindern noch so viel von gesundem Essen vorschwärmen – es wird nichts nützen.

Generationen von Ernährungswissenschaftlern haben in Hunderten Studien gezeigt, dass der Mensch wie ein Kaiser frühstücken soll, weil er sonst nicht nur nicht leistungsfähig ist, sondern insgesamt seiner Gesundheit schadet. Generationen von Eltern wissen, dass die meisten Kinder und Jugendlichen einfach kein Frühstück wollen. Sei es, weil sie in der Früh einfach nichts hinunterbringen, sei es, weil sie nicht aus den Federn kommen oder zu lange unter der Dusche stehen und die Zeit nicht mehr ausreicht, ehe der Bus in Richtung Schule fährt. Warum also nicht auf die „Du-sollst-in-der-Früh-etwas-essen"-Predigt verzichten und den Kindern einen ordentlichen Happen für die erste Pause mitgeben? Und der kann ja dann durchaus gesund sein. Bewährt haben sich Doppeldecker-Sandwiches mit Käse, Schinken, Frischkäse, Radieschen, grünem Salat oder Paprikastreifen. Und weil nach der ersten Schulstunde der Hunger schon groß sein kann, wird sogar Vollkornbrot mit Genuss gegessen.

Ordentlicher Happen für die erste Pause

Foto: shutterstock/Goodluz

Hungrig zu Höchstleistungen?

Irische Wissenschaftler wollen herausgefunden haben, dass sich die schulische Leistung von Mädchen verbessert, wenn sie gefrühstückt haben, Buben aber besser abschneiden, wenn sie etwas hungrig sind. Erklärung haben sie dafür keine; evolutionsbiologisch liegt der Grund möglicherweise darin, dass unsere Vorväter mit knurrendem Magen auf die Jagd gegangen sind und nur die Erfolgreichen auch wieder zurückkamen und sich fortpflanzen konnten. Wichtig für die Konzentrationsfähigkeit ist jedenfalls ein stabiler Blutzucker. Das bedeutet, dass Lebensmittel, die den Zuckergehalt im Blut plötzlich in die Höhe treiben, um ihn dann ebenso schnell wieder absinken zu lassen, nicht günstig sind. Diese Eigenschaft wird von der Ernährungsmedizin neuerdings als „hoher glykämischer Index" bezeichnet. Stark zuckerhaltige Speisen, aber auch Nahrungsmittel mit Weißmehl, ungeschälter Reis oder sehr reife Bananen gehören in diese Kategorie.

Auch Äpfel, Karotten und Nüsse sind willkommen. Die Gefahr, dass der Nachwuchs von den Klassenkameraden gehänselt wird, weil „Mutti ein gesundes Schulbrot eingepackt hat", ist gering. Im Gegenteil: Meistens wollen auch die anderen etwas davon haben. Große Portionen sind also erwünscht.

Das hilft

Einfache Lösungen gibt es nicht

Wie bringt man passionierte Schokoschlecker zum täglichen Apfel? Notorische Pommesesser zum Putenfilet? Einfache Lösungen gibt es nicht. Gerade in den Jahren der Pubertät können Diskussionen – auch die übers Essern – äußerst nervenaufreibend sein. Aber eine gewisse Beharrlichkeit führt zum Ziel:

- Zu erwarten, dass Kinder oder Teenager etwas tun, was man selbst nicht tut (und umgekehrt), ist eine Illusion. Mit der Art und Weise, wie und was Sie essen und wie Sie auf Ihre Gesundheit und Ihren Körper achten, senden Sie starke Signale in die Richtung Ihres Kindes. Vermeiden Sie aber allzu häufige Bemerkungen über Ihre

Figur. Regeln aufzustellen über Alle-Tage-Speisen und besondere Speisen, die es eben nur zu besonderen Gelegenheiten gibt, ist hilfreich. Die müssen wie alle Regeln in regelmäßigen Abständen auf ihre Gültigkeit überprüft und gegebenenfalls adjustiert werden.

- Eine der häufigsten Szenen in einem Haushalt mit Teenagern: Der Kühlschrank ist bis oben hin voll, das Kind reißt die Tür auf, blickt hinein und schreit: „Nichts zu essen zu Hause!" Das erinnert ein wenig an die Frauen, die vor ihrem vollen Kleiderschrank stehen und behaupten, nichts zum Anziehen zu haben. Beides hat einen einfachen Grund: Das, was da ist, will einem nicht so recht gefallen. Wenn der Nachwuchs nun mal kein Fleisch und keine Wurst mag, hat es wenig Sinn, mehr Salami und Bauernschinken vorrätig zu haben, als Sie selber essen mögen. Und die frischen Brokkolirosen und knackigen Spinatblätter wirken auf die Jugend vielleicht nicht ganz so verlockend wie auf Sie.

„Nichts zu essen zu Hause!"

- Geben Sie Ihrem Teenager ein paar Aufgaben in der Küche. Das wird nicht immer leicht sein, ist aber zielführend. Gemeinsames Kochen kann sehr lustig sein – ebenso wie gemeinsames Küche-aufräumen. Ermutigen Sie die Kinder dazu, einmal in der Woche für eine Mahlzeit ihrer eigenen Wahl zu sorgen, Planen, Einkaufen, Kochen und Tischdecken inklusive. Aber vermeiden Sie, gemeinsame Mahlzeiten zu Streitrunden ausarten zu lassen. Es ist zwar verlockend, ein paar heiße Themen anzusprechen, wenn schon einmal alle Familienmitglieder um den Tisch sitzen, aber wenn dann die mangelnden schulischen Leistungen und das aufmüpfige Benehmen durchgekaut werden und zum hundertsten Mal erörtert wird, ob ein Nabelpiercing nun okay ist oder nicht, kann das allen Beteiligten gehörig der Appetit verderben.

Eigene Ansichten

Eigene Regeln finden

Geschmack und Vorlieben ändern sich in jedem Lebensalter, auch in der Pubertät. Es besteht kein Grund, irritiert zu reagieren, wenn das gute Kind plötzlich lustlos in Omas Apfelkuchen herumstochert. Aber manche Teenager finden ganz eigene Regeln für das, was sie zu sich nehmen. In

Hirn isst mit

Wer isst, während er in den Computer oder den Fernseher starrt, wird nicht richtig satt. Überhaupt ist nebenbei zu essen denkbar ungesund, denn Wahrnehmung und Aufmerksamkeit spielen beim Essen eine wichtige Rolle. Ernährungsmediziner der britischen Universität Bristol setzten ihren Studienteilnehmern ein mehrgängiges Menü vor. Die Hälfte der Testpersonen spielte während des Essens „Solitaire" am PC. Prompt konnten sie sich nach dem Essen gar nicht gut erinnern, was sie überhaupt zu sich genommen hatten. Und schon eine halbe Stunde später verlangten sie einen Snack, weil sie sich – anders als die Gruppe, die in aller Ruhe und ohne Ablenkung gegessen hatte – immer noch irgendwie hungrig fühlten (Oldham-Cooper et al. 2011).

den meisten Fällen bedeutet das, es wird nichts mehr gegessen, was sich einmal bewegt hat.

Fleischverweigerung aus Tierliebe

Zuweilen ist der Grund ganz einfach der, dass sich die Kinder vor Fleisch ekeln. Manchmal geschieht es aus Tierliebe bzw. aus der Erkenntnis, dass die Fleischproduktion im 21. Jahrhundert um nichts humaner geworden ist als zu Zeiten der industriellen Revolution. Das im Jahr 2010 erschienene und raketenartig zum Bestseller aufgestiegene Buch „Tiere essen" des amerikanischen Autors Jonathan Safran Foer lieferte dazu eindrucksvoll-abscheuliche Fakten. Wer es gelesen hat, der wendet sich zumindest eine Weile mit Grausen ab von Schnitzel und Burger.

Speiseplan vom Ernährungsspezialisten

Vegetarische Ernährung kann okay sein, solange man weiß, dass der Körper gewisse Nährstoffe einfach braucht. Dazu gehört Eiweiß ebenso wie Eisen oder Kalzium, und die sind hauptsächlich in Fleisch und Milchprodukten zu finden. Deshalb ist es wichtig, sich mit den jungen Menschen hinzusetzen und sie darüber aufzuklären, dass einseitige Ernährung zu Mangelerscheinungen und zu Gesundheitsproblemen im späteren Leben führen kann. Sich ausschließlich von Obst und Gemüse zu ernähren, ist sicher zu wenig. Wenn Ihre Tochter (Burschen beschäftigen sich meist weniger mit dem, was sie essen) Ihren Argumenten nicht zugänglich ist, ist sie vielleicht damit einverstanden, gemeinsam mit einer Ernährungsspezialistin einen Speiseplan auszuarbeiten.

Nach Golde drängt, am Golde hängt doch alles

Beliebter Diskussionspunkt in allen Familien ist das Geld und vor allem der Umgang der Kinder mit demselben. Viel Sprengstoff steckt allein schon in den Fragen: Wie viel? Wofür? Warum krieg ich nicht so viel wie mein Freund?

Um die Kinder schon früh darauf vorzubereiten, dass sie irgendwann mit ihren eigenen sauer verdienten Groschen und einem Haushaltsbudget auskommen müssen, scheint den meisten Eltern regelmäßiges Taschengeld ein probates Mittel zu sein. Laut einer Studie im Auftrag der oberösterreichischen Schuldnerberatung bekommen vier von fünf der 10- bis 11-Jährigen regelmäßig Taschengeld. Bei den 12- bis 14-Jährigen sind es bereits knapp 90 Prozent, bei den über 15-jährigen Schülern 95 Prozent (Gabanyi 2007). Was die Höhe anlangt, so ist die natürlich nach Alter gestaffelt. Im Jahr 2007 bekamen die Zehnjährigen rund acht Euro, die 17-Jährigen durchschnittlich 53 Euro pro Monat.

17-Jährige bekommen rund 50 Euro Taschengeld

Freilich muss genau festgelegt werden, wofür das Geld bestimmt ist. In manchen Familien bedeutet Taschengeld Vergnügungs- und Freizeitbudget, die Kinder können sich damit ihr Leben versüßen und brauchen sich um Alltagsdinge wie Kleidung, Bücher oder Fahrscheine nicht zu kümmern. Barbara hat es mit ihren beiden Söhnen anders praktiziert: „Wir haben ein paar Monate lang notiert, wofür die Kinder Geld brauchen", sagt sie, „und anhand dieser Aufzeichnungen ein Budget erstellt. Damit mussten sie dann für alles aufkommen." Außer fürs Wohnen und Essen zu Hause, versteht sich. „Und für Sport, denn es war uns immer wichtig, dass sie sich da nicht einschränken müssen." Marcus, der Jüngere, laut Barbara „insgesamt sehr organisiert", kam damit immer prächtig aus. Julian, der Ältere, Typ Chaot, löste seine permanenten Geldnöte dann so, dass er sich Kleidung nicht selbst kaufte, sondern Hosen und T-Shirts auch gern mal von Freunden lieh und dann vergaß, sie zurückzugeben.

Eltern sind nicht konsequent

In der Studie der oberösterreichischen Schuldnerberatung kam auch zutage, dass die Eltern alles andere als konsequent sind, wenn es darum geht, den Kindern Finanzdisziplin beizubringen. Denn bei jedem dritten 10- bis 11-Jährigen greifen Mama und Papa ins Börsel, wenn das

Taschengeld früher endet als der laufende Monat. Von jenem Drittel, das bei Bedarf einen Nachschlag bekommt, muss ihn auch bloß die Hälfte wieder zurückzahlen. Bei den Jugendlichen zwischen 15 und 18 Jahren müssen nur mehr knapp 40 Prozent mit dem Geld auskommen. Zuschüsse brauchen nur von jedem Vierten zurückgezahlt werden. Diese laxe Haltung der Eltern kann äußerst unangenehme Folgen haben. Die Schuldnerberatungen verzeichnen starken Zulauf von immer jüngeren Menschen, die heillos verschuldet sind. Bereits jeder dritte 20-Jährige hat einen Kredit laufen. Das hat der vom Institut für Jugendkulturforschung im Auftrag des Bundesministeriums für soziale Sicherheit, Generationen und Umweltschutz erstellte „4. Bericht zur Lage der Jugend in Österreich" ergeben (Großegger 2003). Kindern dann dadurch eine Aufbesserung ihres Taschengeldes zu verschaffen, dass sie für Tätigkeiten im Haushalt entlohnt werden, halten Psychologen für keine gute Idee. Allzu leicht könnten Heranwachsende dadurch der Illusion verfallen, dass alles, was sie tun, bezahlt wird, wo hingegen es selbstverständlich ist, dass sich die Erwachsenen unentgeltlich um die systemerhaltenden Maßnahmen in einem Haushalt kümmern. Resultat: eine Selbstbedienungsmentalität, die auch darauf übergreifen kann, dass Konsumwünsche immer zahl reicher und unverschämter werden.

Starker Zulauf bei den Schuldnerberatungen

Einer der Kostentreiber ist sicherlich das Handy (siehe Kasten ► Seite 35). Innerhalb eines Jahrzehnts ist es zur Normalität geworden, eines zu besitzen – auch für Jugendliche. Mehr noch, Smartphones bestimmter Marken sind Statussymbole. Wer keines hat, ist bei seinen Freunden und Klassenkameraden bald unten durch. Bei fast einem Drittel der Jugendlichen beläuft sich die monatliche Handyrechnung auf 20 bis 40 Euro, allerdings kommt nur die Hälfte selbst dafür auf. Drei Prozent wissen nicht einmal, wie viel sie jeden Monat vertelefonieren, weil der Betrag automatisch von Papas Konto abgebucht wird. Für Manfred Zentner von Jugendkultur.at ist die Nachgiebigkeit der Eltern in diesem Bereich der falsche Weg (Tschachler 2004). Besser, als zur überhöhten Handyrechnung bloß eine Moralpredigt vom Stapel zu lassen und sie dann zähneknirschend doch zu bezahlen, sei es, geeignete Maßnahmen zu setzen: Also einmal in der Detailrechnung anzusehen, mit welchen Gesprächspartnern am längsten geplaudert wird und wo die meisten SMS hingehen – und anschließend den Rotstift anzusetzen.

Bei der Handyrechnung auf die Details achten

Geld aus der Maschine

Banken sichern sich die Kunden von morgen, indem sie Jugendlichen die Möglichkeit bieten, ein Konto zu eröffnen und mit einer Karte Geld vom Automaten abzuheben. Ein Drittel der Zwölf- bis 14-Jährigen verfügt über eine Kontokarte, bei den 15- bis 18-Jährigen sind es 80 Prozent (Gabanyi 2007). Der Verein für Konsumenteninformation (VKI) hat sich im Jahr 2007 angesehen, wie gewissenhaft die Banken die gesetzlichen Vorgaben einhalten (KONSUMENT 11/2007). Herausgestellt hat sich unter anderem, dass es keinen lückenlosen Überziehungsschutz gibt, die Jugendlichen also Schulden machen können – für die dann die Eltern geradestehen müssen. Zwar war an Bankomaten und am Schalter kein Überziehen möglich, bei den Bankomatkassen in Geschäften könnte dies allerdings möglich sein. Der VKI rät Eltern deshalb, ihrem Nachwuchs den Umgang mit Plastikgeld und die damit verbundenen Gefahren eindringlich näherzubringen: „Dazu zählt auch, die Geschäftsgebarung des frischgebackenen Kontoinhabers im Auge zu behalten und (wenn nötig) Kontoauszüge gemeinsam zu kontrollieren. Besonderes Augenmerk sollte dabei den Handyrechnungen gelten, die direkt vom Konto abgebucht werden und erfahrungsgemäß besonders häufig für Überziehungen und wachsende Verschuldung sorgen." Nach dem Buchstaben des Gesetzes dürfen ohne ausdrückliche Zustimmung des gesetzlichen Vertreters (Eltern, Obsorgeberechtigte) an unter 19-Jährige gar keine Karten für den Bargeldbezug und auch keine Bankomatkarten ausgegeben werden. Zudem müssen die Banken dafür sorgen, dass Jugendliche nicht mehr als 400 Euro pro Woche über Geldausgabeautomaten beziehen können.

Foto: shutterstock/Mikael Damkier

Schuldner von morgen

Jedenfalls sollte das Thema Geld in der Familie kein Tabu sein. Wenn es um größere Ausgaben geht, sollen die Heranwachsenden in die Diskussion einbezogen werden und dadurch mitbekommen, dass auch Erwachsene sich nicht alles leisten können, ohne auf etwas anderes zu verzichten. Gezeigt hat sich in der Studie der oberösterreichischen Schuldnerberatung nämlich auch, dass – wenig verwunderlich – ein Zusammenhang besteht zwischen dem unbedachten Umgang mit Geld von Seiten der Jugendlichen und dem Verhalten der Eltern: Wer den Kindern alle Wünsche erfüllt, um in Ruhe gelassen zu werden, und großzügig eine Taschengelderhöhung nach der anderen gibt, züchtet möglicherweise die Schuldner von morgen heran.

Schlafe, mein Kindlein

Bisher war Zapfenstreich um zehn. In Ausnahmefällen, wenn ein spannender Film im Fernsehen lief, auch mal später. Aber mit einem Mal gilt das nicht mehr. Da sitzen die 12-Jährigen bis nach Mitternacht vor dem Computer und chatten, posten oder hüpfen mit ihrem virtuellen Alter Ego durch die Landschaften der Cyberwelt. Und die 15-Jährigen befinden: „Von der Party bei Nico kann ich unmöglich schon um zwölf nach Hause gehen."

Ermahnungen wie „Wer im Wachstum ist, braucht ausreichend Schlaf" werden nicht viel helfen, auch wenn sie noch so wissenschaftlich untermauert sind (siehe Kasten ► Seite 37). Die Erklärung der Hirnforscher, dass die Zirbeldrüse das müde machende Hormon Melatonin mit Beginn der Pubertät abends zwei Stunden später ausschüttet als in der Kindheit, ist für Eltern wenig tröstlich, wenn sie nachts angststarr auf jedes Geräusch lauschen, weil sie meinen, endlich das Klappern eines Schlüsselbunds zu hören. Viele Eltern halten die Distanz zu ihren Kindern gerade in der Pubertät nicht gut aus. Vor allem Mütter neigen dann dazu, das Handy als verlängerte Nabelschnur zu benutzen und den Kindern mit der permanenten Frage: „Wo bist du?" hinterher zu telefonieren, was im Subtext so viel heißt wie: „Entzieh dich bloß nicht meiner Kontrolle".

Das Handy als verlängerte Nabelschnur

Dass die Jugendlichen bei dieser Art erzwungener Nähe schroff und manchmal regelrecht verletzend reagieren, ist nicht weiter verwunderlich. Schließlich müssen sie lernen, sich in der Welt zu behaupten, sich von ihren Eltern abzugrenzen.

„Meine Theorie ist, dass der Ablösungsprozess umso vehementer ist, je weiter man sich von seinen Eltern entfernen will", sagt Monika, 50, und wundert sich gleichzeitig darüber, dass ihre 16-jährige Tochter so extrem aufbegehrt, da sie sich selbst als tolerante Mutter erlebt. Eltern müssen Mut zur Ferne haben, empfiehlt der Berliner Philosoph Dieter Thomä in einem Gespräch mit dem „Spiegel" (2010). Denn „die Angst der Eltern vor dauerhafter Distanz macht sie erpressbar". Egal ob mehr Taschengeld, die siebente Marken-Jean oder eben nächtelanges Wegbleiben – wer erpressbar ist, sagt zu allem Ja und Amen. Und ärgert sich pausenlos über die Kinder und über sich selbst.

Mut zur Ferne

Gestresst durch Schlafmangel

Dass Schlafentzug zu einer gefürchteten Foltermethode gehört, ist bekannt. Denn wenn dem Gehirn die Möglichkeit zur Erholung durch Schlaf fehlt, kommt es zu Halluzinationen und Wahnvorstellungen. 20.000 17- bis 20-Jährige untersuchten Psychologen der Universität Sydney in Australien, um den Ursachen für die häufigen Verkehrsunfälle in dieser Altersgruppe auf die Spur zu kommen. Bei jedem Dritten stellten sie eine sogenannte psychologische Belastungsstörung fest, was sich darin äußerte, dass die Jugendlichen nervös wirkten, übermüdet, unruhig, traurig bis depressiv und hoffnungslos waren, oder in den Fragebögen angaben, dass sie sich wertlos fühlen. Bei den Untersuchungen stellte sich heraus, dass jeder fünfte Studienteilnehmer weniger als acht Stunden pro Nacht schlief. Und: Diejenigen, die am wenigsten Schlaf bekamen, hatten am meisten psychische Probleme. Freilich kann nicht ausgeschlossen werden, dass Ursache und Wirkung verdreht sind, dass also Nervosität und eine depressive Gemütsverfassung zu Schlaflosigkeit führt. Aber meist fanden die Jugendlichen abends einfach nicht ins Bett. Eine Untersuchung der US-amerikanischen Harvard University wiederum zeigte einen Zusammenhang zwischen Schlafmangel und Übergewicht bei 240 16- bis 19-Jährigen. Die Wissenschaftler haben zwei Erklärungen dafür: Einerseits könnte der Schlafmangel schuld daran sein, dass die Produktion der für die Appetitregelung wichtigen Hormone Leptin und Ghrelin durcheinander gerät. Andererseits haben Menschen, die länger wach sind, auch mehr Zeit zum Essen (Glozier 2010).

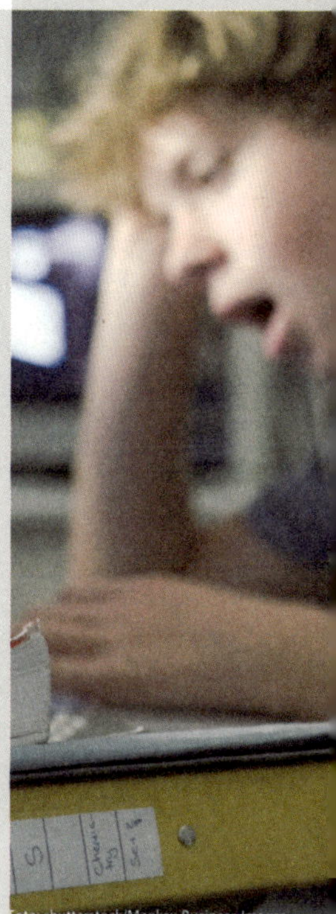

Foto: shutterstock/Monkey Business Images

Sinnvoller ist bei diesem Thema wie bei allen anderen Konfliktursachen, Vereinbarungen zu treffen, mit denen alle Beteiligten einverstanden sind und die auch für alle gelten. Die Haltung „Ich weiß schon, was für dich das Beste ist, deshalb geschieht das, was ich sage" hilft da nicht weiter. Vielmehr geht es zuerst um einen sinnvollen Dialog. Und der setzt Offenheit von beiden Seiten und Interesse am anderen voraus. Und die Bereitschaft, auch einmal über den eigenen Tellerrand zu schauen und etwas dazuzulernen. „Wenn ich sehe, dass die Kinder recht haben, dann gebe ich das auch zu. Zu Hause genauso wie in der Schule", sagt die Mittelschullehrerin Grete. Vor allen Dingen muss den Kindern klar sein, dass ihre Eltern sie grundsätzlich okay finden und dass sie nicht heruntergemacht werden. Denn, ehrlich, nichts ist einfacher, als sich über einen

Bereit sein, etwas dazuzulernen

15-Jährigen mit piepsiger Stimme und Bartflaum oder eine 14-Jährige mit grellrot bemalten Lippen lustig zu machen.

Jeden Samstag Streit

Barbara und ihr Mann haben das Ausgeh-Thema mit ihren beiden Söhnen so gelöst, dass unterschiedliche Zeiten fürs Nachhausekommen für Abende vor Schultagen und für Abende vor freien Tagen vereinbart wurden. „Sie haben sich daran gehalten", sagt sie, „manchmal haben sie dann eine SMS geschrieben, dass sie bei irgendeinem Freund übernachten würden – was immer das dann auch bedeutet hat", lächelt Barbara. Marcus, der jüngere der beiden, ist zufrieden: „Ich höre meine Freunde jeden Samstag am Telefon mit ihren Eltern streiten, ob sie noch ein bisschen länger bleiben dürfen. Das ist echt lästig." Auch in Gretes Familie gab es mit den Ausgehzeiten kein Problem. „Notfalls habe ich mir halt den Wecker gestellt und sie dann um zwei in der Nacht irgendwo abgeholt", erinnert sie sich. „Ich wusste jedenfalls immer, mit wem sie unterwegs sind. Aber bei uns war immer ein offenes Haus, deshalb sind sie mit ihren Freunden auch oft hier gewesen."

„Wichtig ist es, dem Kind Eigenständigkeit zuzugestehen, ihm aber auch Grenzen aufzuzeigen", betont Karina Weichold (2008), Entwicklungspsychologin an der Friedrich-Schiller-Universität in Jena. Der sogenannte autoritative Erziehungsstil – eine Mischung aus Wertschätzung und emotionaler Unterstützung – trägt nach Weicholds Einschätzung am

Jugendschutz

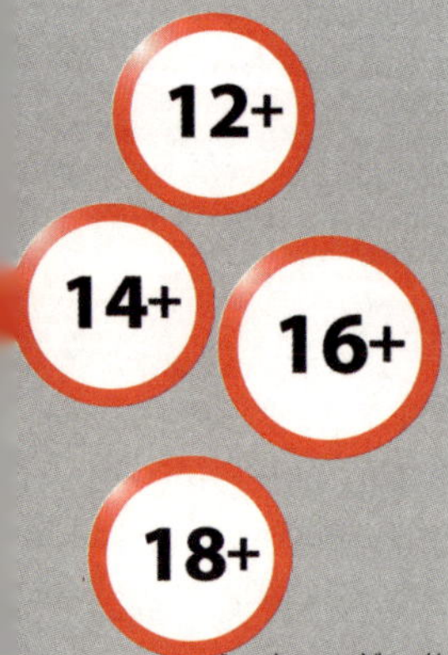

Foto: shutterstock/humpkin

Ein gutes Argument beim Aufstellen von Regeln sind Jugendschutzbestimmungen. Sie bestimmen, wie lange man in welchem Alter wegbleiben darf, wann man Alkohol ausgeschenkt bekommt, Autostoppen darf oder ohne Zustimmung der Eltern von daheim ausziehen kann. Nur gibt es in den Bundesländern unterschiedliche Bestimmungen. Und es gilt immer das Gesetz, in dem sich das Kind bzw. der Jugendliche gerade aufhält, etwa im Urlaub oder während der Landschulwoche. In Salzburg ist man bereits ab dem vollendeten 12. Lebensjahr Jugendlicher, in den anderen Bundesländern noch zwei Jahre länger ein Kind. Im oberösterreichischen Jugendschutzgesetz gibt es den Begriff „Kind" überhaupt nicht. Orientierung im Jugendschutz-Dschungel bietet die Website des Jugendministeriums http://www.jugendinfo.at/.

besten dazu bei, dass sich die Kinder in einer positiven Weise entwickeln. Dabei kann es auch nicht schaden, wenn Eltern ihr Erziehungsverhalten, das einem Balanceakt gleicht, regelmäßig selber kritisch prüfen.

Familie am runden Tisch

Mit seinem Buch „Parent Effectiveness Training" gelang dem amerikanischen Psychologen Thomas Gordon Anfang der 1970er Jahre ein gigantischer Bestseller. Anders als viele seiner Kollegen, die damals die antiautoritäre Erziehung propagierten, entwickelte Gordon die Grundsätze der „Familienkonferenz" (so der deutsche Titel des Buches) und orientierte sich dabei an der klientenzentrierten Psychotherapie, die von der bedingungslosen positiven Wertschätzung des Gegenübers ausgeht. Was Gordon vor 40 Jahren empfahl, gehört mittlerweile zum Rüstzeug sämtlicher Kommunikationstrainer und ist – entsprechende Übung vorausgesetzt – ebenso einfach wie effektvoll: aktiv zuhören und Ich-Botschaften senden. Das bedeutet, das, was der Gesprächspartner sagt, von Zeit zu Zeit wiederholen, um sicherzugehen, dass man es auch richtig verstanden hat – und mit Kritik sparsam umgehen.

Aktiv zuhören und Ich-Botschaften senden

In Familienkonferenzen – mehr oder weniger regelmäßigen Gesprächsrunden – können dann regelrechte Verträge aufgestellt werden, die das Zusammenleben einfacher machen. Am Anfang steht meist ein Problem, etwas, das immer wieder zu zermürbenden Wortgefechten führt, etwa um welche Uhrzeit der Nachwuchs abends zu Hause sein muss.

Wichtig dabei ist, dass alle ihre Meinung sagen dürfen und dass sich zum Schluss keiner über den Tisch gezogen oder als Verlierer fühlt. Dazu muss man sich zuerst einmal über ein Ziel einigen, dann darf jeder einen Vorschlag machen, wie man dorthin kommt. Ist die Lösung gefunden und von allen akzeptiert, fixiert man am besten einen Termin in vier bis sechs Wochen, wo dann überprüft wird, inwieweit die Vereinbarung eingehalten wurde und wo nötigenfalls nachjustiert werden muss. Wenn es Probleme mit der Einhaltung gibt, wird ein solches Nachfassen umso notwendiger sein. All das braucht ein bisschen Übung und immer einen Moderator, der darauf achtet, dass die Diskussion nicht ausartet.

Prüfen, ob Vereinbarungen eingehalten werden

Dergleichen Vereinbarungen funktionieren natürlich nur, wenn sie fair sind und eingehalten werden können. Auch müssen die Heranwachsenden einen Vorteil für sich sehen. So haben fixe Zeiten fürs Nachhausekommen durchaus auch für die Kinder etwas Positives. Wenn sie sich auf einer Party oder in einem Lokal nicht wohlfühlen, können sie immer ihre strengen Eltern und deren Regeln als Grund dafür anführen, nach Hause gehen zu müssen. Und, wie Marcus sagt: Man braucht nicht jedesmal neu zu diskutieren anfangen. Keinesfalls sollte man die Sache im Sand verlaufen lassen, wenn sich die Partner nicht an den Vertrag halten. Als Erwachsener wird man dann auf jeden Fall unglaubwürdig.

Auch Eltern müssen sich an Vereinbarungen halten

Ausgehandelte Vereinbarungen können auch schriftlich abgefasst werden – wie echte Verträge. Und sie sollen auch die Eltern binden. Beispielsweise dass sie das Taschengeld pünktlich und unaufgefordert am 1. jedes Monats herausrücken; dass sie die eigene Nachkommenschaft nicht immer mit anderen Kindern vergleichen oder dass sie mit der ewigen Meckerei aufhören. „Das mag ich gar nicht, wenn sie in mein Zimmer geht und ‚Ordnung macht'", erzählt Therese von ihrer Mutter und wünscht sich mehr Toleranz. „Ich tu es ja, aber zu dem Zeitpunkt, wo ich will."

Premiere ist immer

Foto: shutterstock/Gelpi

Der Berliner Entwicklungspsychologe Kurt Kreppner vergleicht das Familienleben mit einem Theaterstück (Pape und Ott 2008). Wird die Premiere von „Hurra, wir sind in der Pubertät!" mit der oder dem Erstgeborenen in der Hauptrolle gegeben, sitzen die jüngeren Geschwister erste Reihe fußfrei. Und lernen dabei einiges. So fragen sie dann, wenn sie selbst soweit sind, gar nicht erst lange, warum sie um Mitternacht zu Hause sein sollen, sondern kupfern gleich die Tricks der großen Geschwister ab („Der Bus war schon weg!"). Damit kommen sie zwar nicht durch, aber es wird, nach heftigem Streit, ein Kompromiss gefunden. Allerdings behandeln die meisten Eltern laut Kreppner ihre Zweit- und Drittgeborenen unnötig lange wie kleine Kinder. Bis sie verstehen, dass sie es schon mit Heranwachsenden zu tun haben, muss es ein paarmal ordentlich krachen. Fazit: Jüngere Geschwister haben quasi schon ein Trockentraining hinter sich, wenn sie in der Pubertät kommen. Für die Eltern wird die Sache allerdings nicht unbedingt leichter.

Explosionsgefahr im trauten Heim

Keinen Gefallen erweist man den Kindern, wenn man in Diskussionen den berufsjugendlichen Kumpel raushängen lässt und so tut, als wäre man mit ihnen auf Augenhöhe. „Denn die wollen erwachsen werden, sehen sich aber umzingelt von Älteren, die ihr Erwachsensein nicht attraktiv finden", konstatiert Philosoph Dieter Thomä (2010). Und rät allen Eltern, sich vielmehr so zu verhalten, dass ihre Kinder sich auch mal über sie ärgern. Denn „mit 14, 15, 16 will man Erwachsene nicht toll finden, sondern alles in Frage stellen oder neu erfinden. Eltern sind Gegenbilder, die von ihren Kindern auf den Prüfstand gestellt werden."

Erwachsene sind Gegenbilder

Und so ist bei allem guten Willen zum harmonischen Miteinander der Streit manchmal unausweichlich. Denn wenn Eltern eine Botschaft haben, eine Haltung einnehmen, müssen die Kinder sie nicht immer nachahmenswert finden. Abgesehen davon ist das Zusammenleben mit Halbwüchsigen kein dauernder Schmusekurs. „Meine Tochter und ich, das war eine Zeitlang wie Fingerhakeln, immer wieder durchbrochen von Zärtlichkeit", erinnert sich Dieter Thomä. „Bei dem Hickhack ging es eigentlich um nichts. Und doch war es manchmal ziemlich heftig." Zudem können Kinder, gerade wenn sie pubertieren, mit manchen ihrer Äußerungen ganz schön verletzend sein, ihre Eltern finden sie dann meistens ohnehin nur „peinlich". Und nach einem harten Arbeitstag kann es einen an die Grenzen der Langmut bringen, wenn man in allem, was man tut und was man sagt, pausenlos hinterfragt wird. Überhaupt wenn man das immer schon so getan und gesagt hat, ohne sich je die Frage zu stellen, warum. „Johannes hat immer um des Diskutierens willen zurückgeredet", erzählt Grete von ihrem Sohn. Das sei zu Anfang ziemlich mühsam gewesen, aber schließlich „hat das manchmal richtig Spaß gemacht, und zum Schluss haben wir dann oft beide gelacht".

Zündstoff Banalität

Wie in Partnerschaften entzünden sich die heftigsten Wortgefechte meist an Banalitäten des täglichen Zusammenlebens: Haare im Waschbecken, die den Abfluss verstopfen; der Teller, der nach dem Genuss der Fertigpizza auf dem Tisch stehen bleibt; die Schuhe, die mitten im Vorzimmer eine Schlammpfütze unter sich lassen, das Chaos im Jugendzimmer. „Ich verstehe nicht, warum immer ich die Katze füttern und das Katzenklo säubern muss", ärgert sich Barbara, Mutter eines

20- und eines 16-jährigen Sohnes. Auch dass die jungen Herren nicht in der Lage sind, den Geschirrspüler auszuräumen, wurmt sie wie viele andere Mütter. Ursache dieses ewig schwelenden Streits über das Thema „Wer macht was?" sei oft, dass Eltern versäumen, ihren Kindern ganz klare Pflichten zuzumuten, meint der Familien- und Kommunikationsberater Jan-Uwe Rogge (2004), der zahlreiche Bücher über das Zusammenleben mit Kindern geschrieben hat. Nicht allein durch die emotionale Nähe zu Eltern und Geschwistern, sondern auch indem sie häusliche Aufgaben und Pflichten übernehmen, entwickelt sich bei Jugendlichen ein Zugehörigkeitsgefühl. Zusatzeffekt: „Indem Heranwachsende etwas leisten und ihr Können unter Beweis stellen, bauen sie Selbstbewusstsein auf", so Rogge, der propagiert, dass Jugendliche ab zwölf beispielsweise für die Wäsche verantwortlich sein sollen. Sie sollten „wissen, wie man das macht, wie man die Wäsche sortiert, bügelt usw."

Klare Aufteilung der Pflichten

Doch auch wenn der Nachwuchs gewisse Aufgaben übernommen hat, geht die Erfüllung nicht immer friktionsfrei ab. Wenn dann wegen des wieder nicht abgeräumten Esstisches ein Wort das andere ergibt, sollte man trotzdem versuchen, kühlen Kopf zu bewahren. Zugegeben, das ist manchmal leichter gesagt als getan. Die Kinder mit endlosen Monologen über Rechte und Pflichten zuzutexten heizt die Atmosphäre nur weiter auf oder bringt sie dazu, türenknallend aus dem Zimmer zu stapfen. Auch streiten kann man lernen. Die Eltern sind dabei, wie bei allem, Vorbild. Das bedeutet: Wenn Sie mit schriller Stimme Ihrem Sohn an den Kopf werfen, dass er ein missratener Bengel ist, aus dem nie ein vernünftiger Mensch werden wird, besteht einerseits die Gefahr, dass Ihre Vermutung zu einer sich selbst erfüllenden Prophezeiung wird. Andererseits wird Ihr Sohn sich an Ihnen ein Beispiel nehmen und in jeder Diskussion versuchen, die anderen verbal dort zu treffen, wo es wehtut. Bevor ein Streit eskaliert und Sie Dinge sagen, die Ihnen später leidtun, atmen Sie tief durch, sagen Sie, dass Sie im Moment nicht in der Lage sind, weiter zu diskutieren, und verlassen Sie gesetzten Schrittes den Raum.

Tief durchatmen und rausgehen

„Ich habe mich bemüht, die frechen Antworten zu ignorieren", erinnert sich Grete an die Zeit mit ihren vier Kindern, die nacheinander in die Pubertät kamen. Allerdings gab es einen anderen Dauerkonflikt. Der Vater kam mit dem aufmüpfigen Nachwuchs nicht klar, er nahm jede Kontroverse persönlich, konterte mit Sätzen wie „So spricht man nicht mit

Keine Allianzen

Dass Eltern im Umgang mit ihren Kindern unterschiedliche Ansichten und Vorstellungen haben, ist nicht außergewöhnlich und auch nicht zwangsläufig negativ. Die Heranwachsenden müssen lernen, sich mit Menschen verschiedener Meinungen und Verhaltensweisen auseinanderzusetzen. Sind sich die Eltern beispielsweise nicht darüber einig, ob die Tochter nun länger als gewöhnlich auf einer Party bleiben darf, können sie das sogar in Anwesenheit ihres Kindes diskutieren – sofern sie in der Lage sind, diese Diskussion nicht in einen Streit ausarten zu lassen. „Vermeiden sollten Sie, den Partner in Allianz mit Ihrem Sprössling auszutricksen oder seine Sicht der Dinge abzuwerten", empfiehlt die Kinderpsychologin und Verhaltenstherapeutin Sybille Herold (2008). Und warnt davor, in einen Wettbewerb zu treten, wer der beliebtere, verständnisvollere und tolerantere Elternteil ist. Dergleichen Konflikte werden vor allem dann virulent, wenn die Eltern sich getrennt haben und nicht mehr beide mit den Kindern zusammenleben.

Foto: shutterstock/guillermo cubillos

seinem Vater" oder „Wir hätten es nie gewagt, uns gegenüber unseren Eltern so aufzuführen" und zog beleidigt von dannen. Grete geriet dann immer zwischen die Fronten, wusste nicht, was sie tun sollte, und entdeckte irgendwann, dass es ganz egal war, wie sie sich verhielt, alle ihre Kinder machten diese Krise mit dem Vater durch. Aber „ich finde, in der Pubertät muss man seine Meinung sagen dürfen, man muss sich auch austoben, sich reiben", sagt sie. Und selbst wenn ihr Mann sie gegen die Kinder in Schutz nahm, war ihr das nicht recht: „Man soll nicht als Eltern im Doppelpack ein Kind niedermachen."

Mutter zwischen den Fronten

Die Familie als Flickenteppich

„Von meinem Freund redet sie prinzipiell nur als ‚der Typ da'", seufzt Monika. Und direkt spricht ihre Tochter den neuen Partner der Mutter überhaupt nicht an. Manchmal tut sie so, als wäre er Luft. „Er existiert für sie nicht, das hat sicher etwas mit ihrem Vater zu tun", meint Monika. Als ihre Kinder neun und elf Jahre alt waren, hat sie sich von ihrem Mann getrennt. „Meine Tochter war, anders als ihr Bruder, immer total easy going, die war immer da, hat immer gelächelt. Nach der Scheidung ist das liebe Mädchen dann an mir geklebt, die war so verschreckt, dass die Familie auseinanderbricht", erinnert sich die Kommunikationswissenschaftlerin. Aber dann, zwei Jahre später, wurde die damals Zehnjährige schwierig, „nicht nur nicht mehr sanft und anlehnungsbedürftig, sondern extrem revoltierend". Und das ist ein Dauerzustand seit sechs Jahren.

Jede zehnte Familie mit Kindern unter 18 Jahren ist eine sogenannte Patchworkfamilie (Statistik Austria 2009). Und wenn zwei Familien zusammenkommen, wenn die Eltern sich trennen und neue Partner finden, die vielleicht auch schon Kindern haben, ist es besonders wichtig, dass sich alle Beteiligten einmal zu einer Besprechung zusammensetzen, empfiehlt der dänische Familientherapeut Jesper Juul (2010). „Nicht, um Probleme zu lösen, sondern nur, um zu hören, wie es uns eigentlich geht. Wie geht es uns beiden, wie geht es den Kindern?" Schließlich würden zwei Familienkulturen aufeinander treffen, mit gewissen Erwartungen, die nicht immer erfüllt werden. Funktioniert die Gemeinschaft nicht, ist die Konsequenz der Kinder oft, sich zurückzuziehen, sei es tatsächlich, dass sie immer öfter in ihr Zimmer verschwinden; sei es, indem sie die Kommunikation einstellen.

Hören, wie es den anderen geht

„Die Freundin meines Vaters, die mag ich gar nicht, ich versuche, so wenig wie möglich mit ihr zu reden", sagt die 16-jährige Therese. „Ich glaube, sie kann Leute mit Piercings nicht leiden, außerdem sind ihre Kinder verzogen." Therese würde viel lieber mit ihrem Vater „allein auf Urlaub fahren, aber er sagt, das geht nicht".

Manchmal ist die Revolte der Kinder gegen die neuen Partner ihrer Eltern regelrecht manipulativ. „Eines Tages sagte er im Badezimmer zu mir, weil ich ihm irgendetwas untersagt hatte: ‚Wenn du mir das nicht erlaubst, sage ich der Mama, dass du mich geschlagen hast'", berichtet Martin von seinem zehnjährigen Stiefsohn Emil. Vor drei Jahren hat Martin das zweite Mal geheiratet, seine Frau brachte einen Siebenjährigen und eine 16-Jährige mit in die Ehe. Wenn er mit Emil allein ist, funktioniere alles prächtig, und sie verstünden sich gut. Aber wenn alle zusammen sind, „gibt es immer dieselben Reibungspunkte. Wir haben das zwar alles schon besprochen, aber wenn eine gewisse Situation dann wieder eintritt, läuft alles ab wie eh und je", ärgert sich Martin. „Langsam schadet das unserer Beziehung."

Immer dieselben Reibungspunkte

Das hilft

Reibereien mit Heranwachsenden und das ewige An-die-Grenzen-Gehen können an der Substanz zehren. Damit wird das Zusammenleben leichter:

- Tun Sie etwas, was Ihnen Spaß macht. Geben Sie Ihre Hobbys nicht auf. Teenager finden es gut, wenn ihre Eltern auch einmal ihre eigenen Bedürfnisse befriedigen. Damit gibt man ihnen auch ein Beispiel, wie man auf sich selbst achtet.
- Nichts geht von heute auf morgen. Die Zeit für sich arbeiten zu lassen wirkt manchmal Wunder.
- Jugendliche brauchen ebenso wie kleinere Kinder das Gefühl, geliebt und geachtet zu werden. Egal, wie verletzend sie manchmal selbst sein können.
- Wenn Ihnen Ihr Kind etwas anvertraut hat, behalten Sie es für sich.
- Geben Sie Ihrem heranwachsenden Kind Aufgaben im Haushalt. Das stärkt sein Verantwortungsgefühl und sein Selbstbewusstsein. Allerdings sollte diese Aufgabe nicht darin bestehen, etwas zu tun, was man ganz und gar nicht will. Wer nicht gern einkaufen geht, mag vielleicht gerne Wäsche aufhängen.
- Bedenken Sie, niemand ist perfekt, also gibt es auch keine perfekten Eltern. Mit perfekten Menschen würde sowieso niemand zusammenleben wollen.

Perfekte Eltern gibt es nicht

Trügerische Harmonie

Kinder können die Kontinuität vermissen

Dass es in zusammengewürfelten Familien mehr Konfliktpotenzial gibt, liegt auf der Hand. Oft wird aus dem überschaubaren Vater-Mutter-Kind-Dreieck ein verwirrendes Netz von Müttern, Vätern, Stiefmüttern, Stiefvätern, Halbbrüdern und Stiefschwestern, dazu kommen dann noch etliche Omas und Opas. Nicht jeder mag jeden, manchmal ist der Altersunterschied der Kinder, die sich plötzlich nicht aus eigenem Antrieb unter einem Dach wiederfinden, riesengroß. Trotzdem gilt es, das Zusammenleben erträglich zu machen, denn die Kinder können extrem darunter leiden, dass sie die Kontinuität, die sie bei Freunden sehen, in ihrer

Biografie vermissen. „Eine Patchworkfamilie ist wie eine Gruppe Bergsteiger", sagte die Opernsängerin Caroline Merz in einem Gespräch mit dem „Spiegel" (Brandt 2010), „alle richten sich nach dem schwächsten Glied." In ihrer nunmehr weitläufigen Familie halten sämtliche Elternteile engen Kontakt, indem sie einmal pro Woche miteinander telefonieren. Es sei wichtig, ein „Netzwerk um die Kinder" zu spannen.

In den Jahren nach ihrer Scheidung bestand das Netz, das Monika um ihre beiden Kinder spannte, ausschließlich aus ihren eigenen Armen. „Zwischen der Trennung und der Begegnung mit dem neuen Partner war ich eine trostlose Mutter, die hauptsächlich für die Kinder gelebt hat, vor lauter schlechtem Gewissen, dass sie ihnen nicht eine funktionierende Familie bieten kann", erinnert sich Monika. Dass sich das Zusammenleben mit ihrer Tochter so extrem nervenaufreibend gestaltet, sieht sie als Resultat dieses schlechten Gewissens: „Man lässt ihnen alles durchgehen, kommt ihnen zu sehr entgegen, und dann bedienen sie sich an dir." Dass dieses Phänomen ihr Einzelschicksal ist, glaubt Monika nicht: „Ich denke, das ist überall dasselbe, dass lauter kleine Teuferl produziert werden, die von ihren Eltern aus schlechtem Gewissen zu viel Aufmerksamkeit bekommen haben."

Lauter kleine Teuferl

Gerade für Alleinerziehende ist es oft schwer, den Alltag mit pubertierenden Kindern durchzustehen. Wenn man sich über Fragen des Zusammenlebens mit den Kindern nicht mit einem Partner austauschen kann, dann fühlt man sich oft sehr allein gelassen. In der Verunsicherung, die auf sich allein gestellte Mütter oder Väter selber erleben, können sie dann auch nicht mehr sagen, was richtig und was falsch ist und werden zu nachgiebig.

Verunsicherung macht nachgiebig

Die Trennung vom Partner ist zudem mit Gefühlen der Scham oder des Versagens verknüpft, mit Wut und Trauer. Umso mehr streben Alleinerziehende dann danach, mit ihren Kindern in grenzenloser Harmonie und Symbiose zu leben, und scheuen sich, Grenzen zu setzen, um sich nicht unbeliebt zu machen. Dazu kommt, dass Alleinerziehende in ihren Kindern zuweilen einen Partnerersatz sehen und mit ihnen eigene Probleme besprechen, wodurch sich die Heranwachsenden überfordert fühlen.

Dem Entwicklungspsychologen Kurt Kreppner fiel in diesem Zusammenhang auf, dass es in Familien, in denen ein Elternteil fehlt, oft insgesamt harmonischer zugeht (Ott 2008). Doch was für die Mütter zu

Anfang praktischer sein mag, wird für die Kinder nach und nach zum Problem. Denn sie kommunizieren nicht mit einer Mutter, sondern mit einer Freundin. Und gegenüber einer Freundin fällt Opposition viel schwerer. Den Kindern fehlt also die Reibung. Verliebt sich die Mutter dann, „ist erst mal die Hölle los", weiß Kreppner aus seiner Langzeitbeobachtung von 47 Normalfamilien und 20 Alleinerziehenden am Berliner Max-Planck-Institut für Bildungsforschung. Der neue Freund der Mutter ist mitunter eine enorme Bedrohung. Manchmal geht das dann ab wie in einer griechischen Tragödie. In vielen Scheidungsfamilien wird „Dann geh ich halt zu Papa!" zum geflügelten Satz. Und tatsächlich geht es nach Kreppners Beobachtung manchen Pubertierenden besser, wenn sie zum anderen Elternteil ziehen. Wichtig sei laut Kreppner für Scheidungskinder jedenfalls eine verlässliche Bezugsperson. Und da können Oma oder Opa wieder eine wichtige Rolle übernehmen.

Der neue Partner der Mutter als Bedrohung

Her mit den Vätern

Wie sehr sich offizielle Stellen auch bemühen mögen, Männern Hausarbeit und Kindererziehung schmackhaft zu machen, die Aufzucht der Nachkommenschaft ist auch im zweiten Jahrzehnt des dritten Jahrtausends großteils Frauensache. Eine Tatsache, die von manchen Medien unterschwellig auch gefördert wird. So sind die meisten Elternmagazine hauptsächlich an Frauenbedürfnissen orientiert. Über Männer herzuziehen macht keinen Sinn, so der Psychologe Romeo Bissuti, Leiter der Männerberatungsstelle Wien. Vielmehr käme es darauf an, zu ergründen, „warum sie es manchmal nicht schaffen, ihre Vaterposition einzunehmen". Männer seien oft in Rollenvorstellungen gefangen, aber auch in Vorstellungen, die die ganze Arbeitswelt an sie heranträgt, z.B. „dass man sich als Mann für die Arbeit aufzuopfern hat und ausnutzen lässt". Zuweilen entstehe auch eine Dynamik in der Partnerschaft, in der die Frau den gesamten Erziehungsbereich mehr oder minder notgedrungen oder auch aus Identitätsgründen an sich gerissen hat, so dass der Mann das Gefühl bekomme, darin gar keinen Platz zu haben. „Besonders in Trennungssituationen haben die Männer oft den Eindruck, hinausgedrängt zu werden und ohnehin alles falsch zu machen. Gerade Trennung und Scheidung bieten den Anlass zu extremen Positionen, dann werden oft Einzelfälle pauschalisiert."

Foto: shutterstock/Petrenko Andriy

Noch nicht erwachsen

Foto: shutterstock/Alexandru Chiriac

Sex, Drugs and Rock 'n' Roll – die Wegmarken in Richtung Erwachsenenleben ändern sich kaum. Und dann ist da auch noch die Schule.

Klassenkrampf

Anfang 2011 ging ein kollektiver Aufschrei durch die Reihen der Menschen, die in irgendeiner Weise mit der Aufzucht von Kindern beschäftigt sind. Pädagogen, Psychologen und passionierte Mütter ereiferten sich über ein Buch, das, aus dem Amerikanischen übersetzt, nun auch im deutschen Sprachraum zu haben war: In „Die Mutter des Erfolgs" beschreibt die chinastämmige Rechtsprofessorin Amy Chua (2011), wie sie ihre beiden Töchter zu Höchstleistungen im Klavierspiel und im Tennis brachte. Und gibt unumwunden zu, dass sie dabei gar nicht zimperlich war. Wenn ihre Kinder nicht übten, drohte sie schon mal, die Kuscheltiere wegzuschmeißen oder das Puppenhaus der Heilsarmee zu überantworten. Dabei betonte Chua in Interviews immer wieder, dass die Botschaft an die Kinder natürlich nicht lauten darf: „‚Wenn du keine Eins nach Hause bringst, liebe ich dich nicht mehr'. Die Botschaft muss lauten: ‚Du kannst eine Eins bekommen, weil du ein starkes, schlaues Kind bist'" (Bethge 2011).

Die Mutter des Erfolgs

Chuas Brachialpädagogik – die im Übrigen meist nur verkürzt wiedergegeben wurde, weil die Autorin sie selbst sowohl im Buch als auch in Interviews immer wieder relativiert – löste eine Diskussion aus, die in Schulen und Familien unterirdisch eigentlich immer schwelt: Brauchen Kinder Druck? Ruiniert man die zarten Kinderseelen ein für alle Mal, wenn Leistungsverweigerung Konsequenzen nach sich zieht? Bringt Drill etwas oder geht es vielmehr um die Förderung von Kreativität und dem, was Bildungsexperten wie der Engländer Ken Robinson „divergentes Denken" nennen, nämlich die Fähigkeit, über den Tellerrand hinauszublicken und für eine Fragestellung eine Vielzahl von möglichen Antworten zu finden?

Viel Uneinigkeit herrscht auf diesem Gebiet. Und viel Unsicherheit. Während die einen ihre Kinder so lange wie möglich von der Leistungsgesellschaft fernhalten wollen, in die sie sich ohnehin noch früh genug einfügen müssen, verweisen andere, wie die deutsche Kindheitsforscherin Donata Elschenbroich, auf die Tatsache, dass ohne Üben eben nichts geht. Wer lesen und schreiben können will, benötigt Wiederholung. Wer in einer Sportart oder an einem Instrument souverän werden will, der braucht mindestens 10.000 Stunden. Doch „obwohl wir alle mit unseren

Ohne Üben geht nichts

Kindern durchaus ehrgeizig sind, verstecken wir das", sagt Elschenbroich, denn „keiner möchte als Eislaufmutti verschrien werden" (Meyer 2011).

Gerade, wenn die Stimmung in der Familie aufgrund pubertärer Hormonschwankungen ohnehin schon dauernd am Kippen ist, zögern Eltern, Maßnahmen zu setzen, aus Angst, es sich mit dem Nachwuchs ganz zu verscherzen. Außerdem folgt auf Druck nicht selten Gegendruck oder aber die Totalverweigerung in Form von Schuleschwänzen. Dann stehen Mütter und Väter oft zweifelnd und verzweifelnd vor der Tatsache, dass sie ihre Kinder nie lernen oder Hausaufgaben machen sehen. Und sitzen am Sprechtag zerknirscht vor Mathe- und Lateinlehrern, die ihnen nahelegen, doch mehr Kontrolle auszuüben und elterliche Konsequenz an den Tag zu legen, weil sie „sonst schwarzsehen für das Aufsteigen in die nächste Klasse".

Auf Druck folgt Gegendruck

Die meisten Auseinandersetzungen in der Pubertät sind emotionsgeladen, aber die über die Schule schlagen alles. Weinende Mütter, mit der Faust auf den Tisch schlagende Väter, händeringende Großmütter und knallende Türen – keine Seltenheit, wenn es um die schulischen Leistungen der jüngeren Familienmitglieder geht. „Das Schulthema wird in einigen Familien so beherrschend, dass über nichts anderes mehr geredet wird und andere – genauso wichtige – Alltagsbereiche völlig außen vor bleiben", konstatiert der Familienberater und Autor mehrerer Bestseller Jan-Uwe Rogge (2004). Die erschütternden PISA-Ergebnisse haben nicht zur Entspannung der Situation beigetragen.

Dabei ist für Rogge klar, dass in der Pubertät die Distanz zur Schule wächst. „Leistungseinbrüche, der Rückgang des Notendurschnitts, Klassenwiederholungen, eine geringe Anstrengungs- und Leistungsbereitschaft sind normal und teilweise hormonell bedingt", sagt er. Doch das ist einerseits kein Freibrief für jede schulbezogene Auffälligkeit. Und andererseits kann die Schulunlust auch ganz andere Ursachen haben.

In der Pubertät wächst die Distanz zur Schule

Wenn einer spricht …

In einer Zeit, in der auch Erwachsene ihre Information und Weiterbildung aus Powerpoint-Präsentationen und digitalen Medien mit bewegten Bildern beziehen, ist es schwer vorstellbar, dass Kinder freudig und wissbegierig einem Frontalunterricht folgen. Der alte Spruch „Wenn alles schläft und einer spricht: den Zustand nennt man Unterricht" ist heute in den meisten Regelschulen noch genauso wahr. Während die Lehrer sich abmühen, in den Klassen für Disziplin zu sorgen und ihren Stoff in der vorgegebenen Zeit durchzubringen, lechzen die Heranwachsenden nach Abenteuer und Nervenkitzel. Sie wollen sich und die Welt erproben. Konventioneller Unterricht langweilt sie – oder sie werden verhaltensoriginell. Je nach Temperament. Zu Hause geht das Elend dann weiter. Anstatt sich mit Elementsymbolen, Jahreszahlen und Kurvendiskussionen zu beschäftigen, sitzt Sohn Tobias in seinem Zimmer, „hört Musik, liegt auf dem Bett oder blättert in Musikzeitschriften", erzählt Christa (Rogge 2004). Zwar hat er versprochen, zu lernen, „aber wenn ich was sage, legt er den Arm um meine Schulter: ‚Aber, Mum! Das wird schon, Mum! Wirst sehen, Mum!' Wie kann ich Tobias nur klarmachen, dass die Schule wichtiger ist als seine verdammten Rockgruppen?"

Abenteuer statt Frontalunterricht

Für Jan-Uwe Rogge werden in Auseinandersetzungen um Schulthemen eigentlich Beziehungskonflikte ausgehandelt. Ein Grund, warum viele Heranwachsende zu Schulverweigerern werden, sei seiner Meinung nach, dass sie sich von ihren Eltern überfordert fühlen, weil sie merken, dass sie eigentlich als Projektionsfläche für deren Erwartungen und vielleicht unerfüllte eigene Ambitionen dienen. Machtkämpfe sind dann die Folge. Umgekehrt entwickeln Kinder kein Selbstvertrauen und keine Leistungsbereitschaft, wenn sie in einem Laissez-faire-Stil aufwachsen und sich die Eltern wenig kümmern oder aus lauter Angst, sich unbeliebt zu machen, alles durchgehen lassen. Dieser Ansatz kann ordentlich danebengehen, denn er ergibt in den Köpfen der Kinder und Jugendlichen eine Gleichung, die nicht aufgeht. Während sie sehen, wie ihre Eltern sich täglich im Job abmühen für Geld und Karriere, wachsen sie selbst in einer geschützten Werkstätte auf, in der jeder Leistungsdruck von ihnen ferngehalten und keinerlei Eigenverantwortung oder tätige Mithilfe von ihnen gefordert wird. In dem Augenblick, in dem sie ihr Leben selbst meistern müssen, sind sie dann oft hilflos. Umgekehrt sehen gar nicht wenige von ihnen, dass Leistung nicht unbedingt gerecht belohnt wird, nämlich dann, wenn ihr Vater oder ihre Mutter arbeitslos wird. Die Eltern dürfen in dieser Zeit also auch in Sachen Schule einen Balanceakt zwischen Ermutigung und Gelassenheit, zwischen Führen und Lassen vollführen.

Projektionsfläche für unerfüllte Elternwünsche

Lernfreude und persönliche Bestleistungen sind die Zielvorgaben für die Heranwachsenden. Doch wenn es um die Umsetzung geht, scheitern zuweilen auch die motiviertesten Eltern und Lehrer. Vor allem dann, wenn die Kinder mitten in der Pubertät stecken und ihnen der Kopf schwirrt von all den interessanten Dingen, die nichts mit der Schule zu tun haben. „Ich will ja schließlich auch noch meine Freunde sehen", sagt der 16-jährige Marcus, der fünfmal in der Woche Nachmittagsunterricht hat und aus Erfahrung weiß, dass man „einfach seine Ruhe haben will, wenn man um sechs nach Hause kommt".

Totale Verweigerung

Ist die Situation einmal so weit gediehen, dass die Tochter oder der Sohn die Schule schwänzt und sich der allgemeine Frust in der Familie hochtürmt, empfiehlt der dänische Familientherapeut Jesper Juul (2010), vor allem die Ermahnungen zu stoppen. Denn Inhalt der Moralpredigten sind Dinge, die die Kinder ohnehin schon wissen: Es ist notwendig zu lernen, wenn man etwas erreichen will; es gibt Pflichten, die erledigt werden müssen; ohne Ausbildung hat man keine Chance im Berufsleben. Kommt man bei jeder Gelegenheit mit derselben Leier, bekommen die Kinder bloß das Gefühl, für dumm gehalten zu werden. Und, so Juuls Erkenntnis: Die meisten Eltern sind eigentlich mehr damit beschäftigt, unter Beweis zu stellen, dass sie gute Eltern sind – weil sie aus ihren Kindern ja pflichtbewusste Menschen machen wollen –, als herauszufinden, wer ihre Tochter oder ihr Sohn wirklich ist, was sie eigentlich wollen und wie es ihnen geht. Wer nicht weiß, wer seine Kinder sind, dessen Behauptungen, zu wissen, was das Beste für sie sei, wirken unglaubwürdig, so vernünftig sie auch sein mögen. „Zum Dritten haben Sie die Ausbildung (Ihres Kindes) und seine berufliche Zukunft zu Ihrem eigenen Projekt gemacht", konstatiert Juul. „Daher besteht für (Ihr Kind) kein Grund mehr, das Projekt selbst in die Hand zu nehmen." Jesper Juul empfiehlt in dieser Situation aufrichtige Gespräche mit dem Heranwachsenden, in dem die Eltern auch zugeben, wie verunsichert sie über das Verhalten ihrer Tochter oder ihres Sohnes sind. Und sich selbst die Frage zu stellen: „Traue ich mich, meine eigenen Wertvorstellungen zu hinterfragen?" Und zu akzeptieren, dass das Kind vielleicht etwas anderes will.

Foto: shutterstock/Marcel Mooij

„Es hat sich gelohnt"

Manchmal erwacht die Motivation dort, wo man sie am wenigsten vermutet: „Die erste Etappe war extrem hart", erinnert sich der Lehrer Holger Butt. „Da haben alle geweint" (Dworschak 2010). Und auch ihm war äußerst mulmig zumute. Butt ist Lehrer an einer Hamburger Gesamtschule und wollte mit den Schülern der achten Schulstufe die Alpen überqueren, von Berchtesgaden nach Bozen. Und während er am ersten Abend nach dem äußerst anstrengenden Aufstieg vom Königssee zur Hochfläche des Steinernen Meeres sicher war, bereits am Tag zwei mit einer Horder frustrierter Jugendlicher die Heimfahrt anzutreten, pflanzten sich seine Schüler am nächsten Morgen vor ihm auf: „Wir schaffen das schon, Herr Butt." Und stapften drei Wochen lang – mitunter bis zu zehn Stunden täglich – durch Hitze, Regen, Eis, schliefen in Hütten, kochten sich selbst Nudeln auf dem mitgebrachten Rechaud. Zu Hause angekommen, antworteten sie auf die Frage, ob sie das noch einmal machen würden, ohne zu zögern mit Ja.

Die Überquerung der Alpen

Da können Mütter und Väter pubertierender Kinder, deren Ausdauerrekord höchstens im Dauertelefonieren oder Langzeit-WoW-Sitzungen (► Seite 56) angesiedelt ist, nur vor Neid erblassen. Doch in etlichen Schulen weiß man, dass Heranwachsende auch und gerade im schwierigsten Alter durchaus für Herausforderungen zu haben sind und sie sogar genießen. „Wir haben heuer unseren Schulball selber organisiert", erzählt der Gymnasiast Marcus. „Das war ein ganzes Stück Arbeit", aber es hat sich gelohnt. Die Parallelklasse hat derweil die Dachterrasse der Schule renoviert. Dergleichen Leistungen sind mit 16 nicht weiter verwunderlich. Anthropologen verweisen darauf, dass in grauer Vorzeit Knaben dieses Alters Wasserbüffel über die Furt geführt haben. Und manche stehen ja auch in der westlichen Welt des 21. Jahrhundert mit 16 bereits im Berufsleben.

Aber Lernmethoden, mit denen andere Wege der Wissensvermittlung als die herkömmlichen eingeschlagen werden, sind nicht Usus, sondern im Dauer-Schulversuchsstatus und hängen vielerorts vom Engagement der Lehrer ab. Und vom Geld. Während in vielen Privatschulen bereits moderne Methoden angewandt werden, scheitern mehrtägige Projekte außerhalb des Weichbildes der Regelschule oft daran, dass viele Eltern sich den Zusatzaufwand schlicht nicht leisten können. „Türkische Mäd-

Für viele Eltern ist der Zusatzaufwand nicht leistbar

chen dürfen oft gar nicht mitfahren", weiß Grete, die in einer Wiener Kooperativen Mittelschule unterrichtet, von anderen Hindernissen. Aber erstaunlich für sie ist immer wieder, dass „in solchen Wochen sogar schwierige Kinder umgänglich werden".

Abenteuer macht schwierige Kinder umgänglich

„Die Kinder sind anders zurückgekommen, als sie losgezogen sind", berichtet Lehrer Butt von der Alpenüberquerung. „Sie haben etwas geleistet, das ihnen niemand zugetraut hätte" (Dworschak 2010).

Das hilft

Es gibt nicht nur Gewinner und Verlierer. Zwar ist unser Schulsystem darauf aufgebaut, den Schülern zu zeigen, was sie nicht können. Doch als Eltern müssen Sie das nicht genauso tun.

- Lenken Sie Ihren und den Blick Ihres Kindes auf das, was es besonders gut kann.
- Hausaufgaben werden den Schülern gegeben, nicht deren Eltern. Unterstützung ist nur dann gefragt, wenn sie explizit verlangt wird.
- Je mehr Kontrolle Heranwachsende spüren, desto weniger eigenständig arbeiten sie. Hie und da eine Stichprobe, ob die Vokabel schon sitzen, beweist allerdings Interesse der Eltern.
- Es gibt auch noch andere Themen, über die Sie sich mit Ihrem Sohn und Ihrer Tochter unterhalten können. Schließlich wollen Sie auch nicht dauernd über Ihren Job reden und darüber, ob Sie jetzt eigentlich Ihre Präsentation für nächste Woche schon fertig haben.

Lost in Space

Als Xanthippia heiratete, war sie knapp 20. Sie trug ein weißes, bodenlanges Kleid und ihre roten Haare wehten im Wind. Horkin hieß ihr Auserwählter. Er war doppelt so alt, aber nur halb so groß wie sie. Monatelang zogen die beiden gemeinsam durch das finster-nebelige Kalimdor, doch eines Tages verloren sie sich aus den Augen.

Das ist jetzt sechs Jahre her und Daniel lacht, wenn er an Xanthippia denkt. Sie war sein Alter Ego, besser gesagt, sein Avatar in der Cyberwelt Azeroth. Stundenlang ist der damals 14-Jährige als Xanthippia darin herumgesprungen, hat gemeinsam mit dem Gnom Horkin – vulgo Anke, damals 16 – unzählige Quests angenommen und Stufe um Stufe die Leiter in den Olymp der Hexenmeister, Schurken und Todesritter erklommen. Mit Daniels Schulnoten ging es gleichzeitig Stufe um Stufe bergab. „Man konnte eigentlich nicht einmal mehr mit ihm sprechen", erinnert sich seine Mutter an diese Zeit. Er kam von der Schule, und innerhalb kürzester Zeit saß er wieder vor dem Computer. Die Mutter hat dann eine Sperre eingerichtet, sodass die Fantasywelt für ihren Sohn nur eine gewisse Zeit pro Woche zugänglich war. Auch Daniel selbst wollte sich schließlich dem Sog des virtuellen Abenteuers entziehen. Mit einem Mal hatte er es satt, dass seine Kameraden von nichts anderem mehr sprachen als von Quests, Items und Levels, und zog selbst die Bremse, genauer gesagt, den Computerstecker.

Zugangssperre für die Fantasywelt

„World of Warcraft", im Jargon WoW, gehört zu den erfolgreichsten Online-Rollenspielen. Rund zwölf Millionen Menschen weltweit, zumeist Jugendliche, hüpfen via Computer in die Fantasywelt und vergessen darüber oft ihr wirkliches Leben mit all seinen tatsächlichen Herausforderungen. Die besondere Faszination solcher Rollen- und Strategiespiele liegt einerseits in der Möglichkeit, in die Haut eines anderen, selbst geschaffenen Wesens zu schlüpfen, andererseits in den Aufgaben, durch deren Bewältigung man in der Hierarchie der Spielfiguren aufsteigen kann. Psychologen wissen, dass diese Kombination durchaus Suchtpotenzial hat: Laut einer Untersuchung des Kriminologischen Forschungszentrums in Hannover sind drei Prozent der 15-jährigen Jungen und 0,3 Prozent der gleichaltrigen Mädchen computerspielsüchtig. Fast doppelt so viele gelten als gefährdet (Dahlkamp 2009). Ein Ergebnis, das sich durchaus auch auf Österreich übertragen lässt. Süchtig nach den Spielen werden laut Experten allerdings vor allem Jugendliche, die mit ihrem wirklichen Leben nicht klarkommen und sich regelrecht in die virtuelle Welt flüchten. Und weil sie so viel Zeit vor dem Schirm verplempern, schwänzen die zwanghaften Spieler fast doppelt so oft die Schule, bekommen weniger Schlaf und denken fünfmal häufiger an Selbstmord als Jugendliche, die nur selten am Computer sitzen.

Flucht in andere Sphären

Massenphänomen

Jeder fünfte 11- bis 14-Jährige spielt fast täglich Computer- oder Konsolenspiele. Das ist das Ergebnis einer Befragung von 880 Jugendlichen durch das Institut für Jugendkulturforschung im Auftrag des Bundesministeriums für Generationen, soziale Sicherheit und Konsumentenschutz (2007). Fast ebenso viele gaben an, mehrmals pro Woche zu spielen, wobei die Buben in beiden Fällen eher an den Hebeln und Tasten sitzen als die Mädchen. Klarer Favorit sind Actionspiele, dicht gefolgt von Renn- sowie Strategie- und Rollenspielen. Die Kombination von Spielen, die man mit Freunden spielen kann und die eine echte Herausforderung darstellen, zieht am meisten.

Foto: shutterstock/Olaf Speier

Auch Ballerspiele am Computer, sogenannte Shooter wie „Counter Strike" oder „Quake", ziehen die Massen in ihren Bann. Fast jeder zweite männliche Jugendliche gibt sie als Lieblingsspiel an. Und diese Shooter sind es auch, die immer wieder als Ursache für die vermeintlich zunehmende Verrohung und Gewaltbereitschaft der Jugend herhalten müssen. „Bis zum 18. Lebensjahr haben US-Kinder bereits um die 32.000 Morde mitverfolgt. In Europa sieht es nicht anders aus", schreibt etwa der Neurobiologe Manfred Spitzer in seinem Buch „Vorsicht, Bildschirm" (2006). Und während im TV die Gewalt nur konsumiert werde, könne sie bei Computerspielen auch noch aktiv trainiert werden, warnt Spitzer und vergleicht die Wirkung von Gewalt in Fernsehen und Computerspielen auf das Gehirn mit jener der Umweltverschmutzung auf die Natur in den 1970er-Jahren.

Shooterspiele als Ursache für Jugendgewalt?

Zahlreiche Studien zeigen, dass die Brutalospiele die Gewaltbereitschaft der Nutzer verändern. Das hat beispielsweise die Potsdamer Psychologin Ingrid Möller mit Berliner Schülern festgestellt (Paulus 2008). Sie ließ sie in regelmäßigen Abständen Fragebogen ausfüllen, in denen sie angeben mussten, welche Spiele sie spielen und welche Reaktion sie für angemessen halten, wenn ein anderes Kind ihnen unabsichtlich Cola über einen neuen Pullover schüttet. Resultat: Je öfter ein Heranwachsender brutale Computerspiele spielt, desto eher findet er es gerechtfertigt, den Ungeschickten zu verprügeln oder mit einem Messer auf ihn loszugehen. Zudem geben diese Schüler auch zu, sich öfter mit anderen zu prügeln oder deren Sachen zu zerstören.

Unangemessene Reaktionen nach Brutalospielen

Freilich gibt es auch Gegenstimmen. So meint etwa Michael Wagner, Professor für technologieunterstütztes Lernen und Multimedia an der Donau-Universität Krems, dass es in Anbetracht der Masse an aktiven Spielern auf unserem Planeten eigentlich viel schlimmer aussehen müsste, wenn es tatsächlich einen Zusammenhang zwischen aggressivem Auftreten im virtuellen Spiel und in der Realität gäbe. „Die vielen Untersuchungen mit kleineren Gruppen sind zwar sehr nett und geben uns sicher interessante Aufschlüsse, doch die meisten werden durch die große Studie des täglichen Lebens widerlegt", sagte Wagner in der „Ärzte Woche" (2007). Und der Familienberater Jan-Uwe Rogge (2004) gibt zu bedenken, dass Eltern diese Medien oft als Sündenbock für alle möglichen Schwierigkeiten benützen.

Widerlegt durch die große Studie des täglichen Lebens

Zeit- und Notenfresser

Allerdings geht es nicht nur um die viel diskutierte vermehrte Gewaltbereitschaft. Denn die vielen virtuellen Räuber-und-Gendarm-Spiele könnten auch die Ursache für Aufmerksamkeitsdefizite sein. Die plausibel klingende These des Neurobiologen Manfred Spitzer (2006): Wer sich in ständiger Gefahr wähnt, von irgendeiner Seite her bedroht und angegriffen zu werden, verliert die Fähigkeit, sich auf einen Punkt zu konzentrieren – etwa auf das Vokabellernen.

Die Wissenschaftler des Kriminologischen Forschungsinstituts Niedersachsen KFN haben aber nicht nur die Auswirkungen auf das psychische Grundmuster von Shooter-Spielern erforscht. In einem Projekt mit der vierten Klasse einer Berliner Grundschule wollten sie herausfinden, ob der Medienkonsum Einfluss auf die Schulnoten hat (nano 2007). Denn allein schon „die Ausstattung von Kindern mit Mediengeräten wie Fernseher und Spielkonsole erhöht bereits deutlich die Gefahr schulischer Leistungseinbußen", wie Thomas Mößle (2009) vom KFN sagt. Anhand eines Fragebogens wurde zuerst das Medienverhalten der 9- bis 10-Jährigen in Erfahrung gebracht: Drei bis sechs Stunden täglich saßen die Kinder vor dem Fernseher oder dem Computer. Um das zu reduzieren, schlossen sie mit den Wissenschaftlern einen Medienvertrag. Gleichzeitig wurden sie eingeladen, ein Tagebuch zu führen, um festzuhalten, was sie mit der

Gefahr schulischer Leistungseinbußen

gewonnen Zeit anfangen und wie es ihnen dabei geht. Begleitend gab es Medienunterricht, in dem den Schülerinnen und Schülern ein sinnvoller Umgang mit Computer und Fernsehen nahe gebracht wurde.

Zwar verzeichneten die Kinder zu Anfang in ihren Tagebüchern, dass es ihnen ganz und gar nicht leichtfiel, sich ohne Fernsehen zu beschäftigen – es war ihnen schlicht langweilig. Doch bald fanden sie andere Aktivitäten, die sie zudem durchwegs als spannender, herausfordernder beschrieben. Und: Ein Jahr später sind fast alle Kinder um mindestens eine Note besser geworden.

Langweilig ohne Computer

Das hilft

Wie bringt man den Nachwuchs von der Mattscheibe weg? Diese Frage stellen sich Eltern leider meist erst, nachdem sie die Mattscheibe immer wieder gern als Babysitter verwendet haben.

- Verbote, da sind sich die Psychologen einig, helfen herzlich wenig. Im Gegenteil. Einerseits führen sie zu einem Machtkampf, andererseits schüren sie Widerstand und das Interesse. Gespielt wird dann heimlich, wenn Mama und Papa nicht zu Hause sind, oder bei Freunden. Auch Laissez-faire ist nicht unbedingt zielführend: Mehr als die Hälfte der 11- bis 18-Jährigen gab in der Untersuchung des Instituts für Jugendkulturforschung an, dass es ihren Eltern egal sei, ob und was sie spielen. Ebenso ungünstig: das Spiel als Belohnung oder Bestrafung zu verwenden.
- Grundsätzlich ist ja nicht jedes Spiel per se schlecht. In Strategie- und Simulationsspielen wie „Age of Empires" oder den „Sims" lernen die Heranwachsenden, sich zu organisieren und etwas aufzubauen. Diverse Spiele fördern auch die Geschicklichkeit, Reaktionsgeschwindigkeit und die Feinmotorik. „Jeder, der sich einer Operation unterziehen muss, kann nur hoffen, dass der Operateur regelmäßig Computerspiele spielt", formuliert es der Psychologe Romeo Bissuti.
- Sich hie und da dazuzusetzen und mitzuspielen zeigt den Kindern, dass man an dem interessiert ist, was sie tun und

es nicht von vornherein und ohne Kenntnis verdammt. Jedoch sollte das Spielen am Computer dem normalen Tagesablauf untergeordnet sein und nicht umgekehrt.

Klare Positionen

- Geht es um Shooter- und andere Brutalospiele, ist eine klare Position am Platz. „Sprechen Sie darüber, was Ihnen Sorgen bereitet, auch wenn Sie zunächst auf taube Ohren stoßen", rät die Psychologin Sybille Herold (2008). Das gilt vor allem dann, wenn der Heranwachsende ohnehin schon zu aggressivem Verhalten neigt.
- Klebt das Kind dauerhaft und überaus intensiv am Computer, so kann das als Hilferuf gedeutet werden, betont der Familienberater Jan-Uwe Rogge (2004). Die Flucht kann ein Hinweis auf eine unbefriedigende Lebenssituation sein.

Gesichtsbücher und andere Treffpunkte

Das Internet zu nutzen ist für Kinder und Jugendliche zu einer Selbstverständlichkeit geworden, genauso wie der tägliche Fernsehkonsum. Zwei bis drei Stunden pro Tag sind die 11- bis 19-jährigen Österreicherinnen und Österreicher online, immer öfter auch schon via Smartphone. Während die Burschen viel von ihrer Freizeit für Online-Spiele opfern, sind Mädchen oft in Chatrooms zu finden. Plattformen wie YouTube kennen keine Geschlechtergrenzen. Auch das Herunterladen von Musik oder TV-Serien (nicht immer berechtigterweise) und selbst das Recherchieren für Hausaufgaben gehört für die jungen Leute zum Alltag.

Seit wenigen Jahren macht sich noch ein anderes Phänomen breit. „Da vergeht die Zeit sehr schnell", gesteht die 16-jährige Therese. „Man denkt dann an nichts anderes. Aber um sich mit Freunden zu unterhalten, ist es cool." 500 Millionen Menschen auf der ganzen Welt tummeln sich in der virtuellen Quatschbude Facebook, durchschnittlich haben sie 150 bis 200 Freunde auf ihrer Friendlist, mit denen sie sich austauschen. Erst seit dem Frühjahr 2008 gibt es das soziale Netzwerk, das ursprünglich nur für die Studenten der US-amerikanischen Harvard-Universität gedacht war, auch auf Deutsch. Und er hat seither schon früher bestehende, ähnliche Websites wie StudiVZ oder MySpace quasi aus dem Netz gefegt (Egerer 2010). 68 Prozent der heimischen 11- bis 19-Jährigen nutzen diese Art der

Virtuelle Quatschbude

Kommunikation mindestens einmal täglich, hat eine Untersuchung des Instituts für Jugendkulturforschung ergeben. Besonderes Faszinosum, vor allem für Einsteiger: Man findet eine Bühne, um auszuprobieren, wie man auf andere wirkt. Genau das Richtige für Pubertierende, die auf der Suche nach ihrem Platz in der Gesellschaft sind. „Auffallen um jeden Preis – ob im positiven oder negativen Sinne – heißt [...] die Devise, die zum Netzruhm führt. Dies kann einerseits durch eine schräge, witzige oder peinliche Selbstdarstellung erfolgen, oder einfach durch auffallendes, schräges Material geschehen, das ins Netz gestellt wird", weiß Studienleiter Michael Schaefberger (2010).

Auffallen um jeden Preis macht netzbekannt

Dabei muss die gebotene Selbstdarstellung nicht unbedingt der Realität entsprechen. So berichtet Schaefberger von der 14-jährigen Anna, die aus Langeweile während des IT-Unterrichts in der Schule das Porträt einer 30-jährigen Alleinerzieherin anlegte und daraufhin etliche Kontaktanfragen von männlichen Facebook-Usern bekam, die sich mit ihr treffen wollten. Auch Freunde mit erfundenen Identitäten zu verarschen kann diebische Freude bereiten und gleitet gar nicht selten in Belästigung bis hin zum Mobbing ab (► Seite 71).

Dass das, was sie im Netz so treiben, keineswegs immer nur harmloses Geplauder und der Austausch von Neuigkeiten ist, ist den wenigsten bewusst. Zwar stehen die Portale zur weltweiten Kommunikation, aufgepeppt mit diversen anderen Angeboten wie interaktiven Spielen oder Tests, unentgeltlich zur Verfügung, sie verlangen den Nutzern jedoch sehr wohl etwas ab – eine Tatsache, die selbst Erwachsenen nicht immer klar ist. Einmal getätigte Einträge sind nicht mehr – oder nur äußerst schwierig – zu löschen. Und während im normalen Alltagsleben irgendwelche unerquicklichen Erlebnisse oder peinliche Situationen schnell wieder vergessen sind, bleiben sie im Netz an einem kleben wie Kaugummi.

Digitale Communities wie Facebook wissen von ihren Nutzern alles, mehr als jede investigative Polizeibehörde. Und die Betreiber verkaufen diese Informationen. Vor allem an die Werbewirtschaft, die jahrzehntelang von solchen Kundenprofilen zum punktgenauen Marketing nur träumen konnte. Von Privatsphäre kann also keine Rede sein, auch wenn die jungen User meinen, nur ihre Freunde hätten Einsicht in ihr Profil, und heute schon viele darauf verzichten, kompromittierende Fotos vom

Informationen werden verkauft

Foto: shutterstock/Michael D Brown

Deprimierendes Geschnattere

In Internet-Netzwerken wie Facebook oder MySpace bequatschen junge Mädchen gern, was ihnen auf der Seele liegt. Doch damit kommen sie nicht zu einer Lösung, im Gegenteil. Die New Yorker Psychologinnen Lisa Starr und Joanne Davila (2009) befragten 13- und 14-jährige Mädchen zu diesem Thema und stellten fest, dass die Teenies, die ihre Sorgen und Nöte besonders intensiv besprechen, eher Anzeichen für Ängste und Depressionen zeigten. Die Ursache dafür sehen die Forscherinnen darin, dass quälende Fragen immer wieder und wieder durchgekaut würden, weil die pubertierenden Chatterinnen keine Übung im Lösen von Problemen haben. Helfen bei der Problemlösung können hingegen reale und gewachsene Freundschaften. Bei Burschen in diesem Alter bestehe die Gefahr nicht. Sie besprechen ihre Probleme im Internet eher selten. Auch andere gesundheitliche Schäden können von den Web-Sozialräumen ausgehen, wie selbst renommierte Fachblätter immer öfter berichten. So meldete das britische Medizinfachblatt „The Lancet" im November 2010, dass ein 18-jähriger Italiener vermehrt unter Asthmaanfällen litt, wenn er sich ins Netzwerk einloggte. Die Ursache lag etwas tiefer: Seine Freundin hatte mit ihm Schluss gemacht und ihn auch aus der Liste ihrer Facebook-Freunde gestrichen. Er verschaffte sich jedoch unter Pseudonym wieder Zugang zu ihrem Profil und spionierte sie aus. Besonders ihre Kontakte zu Männern interessierten ihn. Dass sie tatsächlich neue Männer kennengelernt hatte, ließ ihn alles andere als kalt. Wenn er sie dann sozusagen live mit anderen flirten sah, bekam er jedes Mal einen Asthmaanfall. Zielführende Therapie der Ärzte: Facebook-Vermeidung.

letzten Koma-Saufgelage ins Netz zu stellen. Allerdings machen laut Jugendkulturforschung-Studienleiter Michael Schaefberger nahezu die Hälfte der männlichen Community-Mitglieder ihre Profile öffentlich einsehbar. Und nur zehn Prozent aller 11- bis 19-jährigen User geben an, über die Sicherheitseinstellungen „sehr gut" Bescheid zu wissen.

Handy im Dauereinsatz

Auch Handys sind längst nicht mehr bloß zum Telefonieren oder Kurznachrichtenschreiben da. „Sie haben ihr Handy dauernd in der Hand und fotografieren sich selber und andere in den unmöglichsten Situationen", erzählt die Mittelschullehrerin Grete. Die Fotos und Videos landen dann meist ohne Einwilligung der abgebildeten Personen im Internet. Illustres Beispiel: Das Pärchen, das im Winter 2010 in einem nächtlichen U-Bahn-

Zahlenspiele

- Anteil der Eltern, die Angst vor Pädophilen haben, wenn ihr Kind das Internet nutzt: 59 Prozent.
- Anteil der Eltern, die vor dem zweiten Geburtstag Daten ihrer Kinder ins Netz stellen: 81 Prozent.

(Quelle: „Brand eins" 02/11)

Foto: shutterstock/ Patryk Kosmider

Abteil in Wien Sex hatte, fand sich, noch ehe die Hosen wieder hinaufgezogen waren, zur allgemeinen Gaudi und Empörung über die sittenlose heutige Jugend auf YouTube wieder.

In Minutenschnelle vom Handy auf YouTube

Das hilft

Auch wenn die Generation der heute Pubertierenden damit aufgewachsen ist und im Umgang mit dem weltweiten Netz mehr Fingerfertigkeit besitzt als ihre Eltern, ist es sinnvoll, mit ihnen eine Art Gebrauchsanweisung durchzugehen – ohne sich dabei als moralinsaurer ewiggestriger Technikverweigerer zu outen. Übrigens können auch so manche Erwachsene davon profitieren, wenn sie sich gewisse Regeln im Umgang mit Computer und Handy zu Eigen machen:

- Keinesfalls die eigene Telefonnummer ins Netz stellen. Diesen Fehler macht man nur einmal, wie Jugendliche berichten, die in kürzester Zeit mit Anrufen von wildfremden Personen bombardiert wurden.
- Keine kompromittierenden Fotos hochladen. Auch wenn man sie wieder löscht, das Internet vergisst so gut wie nichts. Lehrer, Gasteltern geplanter Auslandsaufenthalte oder potenzielle Arbeitgeber, die auf solche Fotos stoßen, können äußerst unangenehm reagieren.
- Für Mädchen gilt: Je offensiver sie sich im Netz inszenieren, desto eher wird das von (jungen) Männern als Anmache empfunden. Entsprechend häufig sind dann eindeutige Angebote.
- Tauchen peinliche oder störende Fotos von einem selber in einem anderen Profil auf, sollte man vom Profilinhaber unmissverständlich verlangen, dass er sie löscht.

- In sozialen Netzwerken immer die Privatsphäre-Einstellung ankreuzen. Dann flattern die Informationen nicht frei im Netz herum.
- Immer zweimal überlegen, ehe man die E-Mail-Adresse angibt. Sonst können plötzlich Rechnungen für Leistungen oder Waren, die man gar nicht haben will, im elektronischen Postkasten landen.
- Die automatische Kennwortspeicherung für Seiten mit Login ist zwar praktisch, stellt aber einen zusätzlichen Risikofaktor dar, betont Gernot Schönfeldinger in seinem Buch „Internet sicher nutzen" (2009) (► Seite 131). Hacker können umso leichter auf sensible Daten zugreifen. Also besser darauf verzichten.
- Musik von sogenannten Tauschbörsen herunterzuladen verletzt das Copyright und ist daher strafbar. Denn im Gegenzug müssen Musikstücke auf die Seite hochgeladen werden (das ist das Prinzip des Tausches). Auch Texte von Websites für eigene Hausaufgaben zu kopieren, ohne die Quelle anzugeben, ist eine Verletzung des Copyrights und damit Diebstahl, was nur wenigen jungen Web-Usern klar ist.

Sicherheitsregeln beachten

Blindwütig drauflos

Zweimal stach der damals 15-jährige Nikolai im Klassenzimmer einer Wiener Polytechnischen Schule auf seinen Mitschüler Kevin ein. Die Klinge seines Taschenmessers drang in Kevins Brust und Bauch ein. Noch am selben Nachmittag erlag der Junge seinen Verletzungen, nachdem die Ärzte vier Stunden lang um sein Leben gekämpft hatten (Dunst 2005). Er sei schon in der Hauptschule ein Problemkind gewesen, sagten seine Lehrer später über den Täter.

Sie waren „nicht gut drauf" gaben die beiden Burschen als Grund dafür an, dass sie einem 64-jährigen Pensionisten auf der Straße eines Wiener Nobelbezirks mit derartiger Wucht ins Gesicht schlugen, dass dieser zu Boden ging und nach zweiwöchigem Koma starb.

Verroht die Jugend?

In regelmäßigen Abständen gehen dergleichen Vorfälle durch die Medien. Verroht die Jugend? Müssen Eltern Angst haben, ihre Kinder in die Schule zu schicken oder abends allein aus dem Haus gehen zu lassen?

So manche Statistik lässt diesen Schluss auf den ersten Blick zu, doch die Informationen sind oft widersprüchlich. So haben sich die Fälle von schwerer Körperverletzung minderjähriger Tatverdächtiger (11 bis 18 Jahre) laut Bundesministerium für Justiz von 523 im Jahr 2008 auf 626 im Jahr 2009 erhöht. Schwerer Raub wurde 2009 309-mal von Minderjährigen verübt (2008: 185 Fälle), 79-mal waren Minderjährige im Jahr 2009 wegen Vergewaltigung tatverdächtig (2008: 56-mal). Insgesamt sind jedoch weniger Jugendliche straffällig geworden, die Schwere der Taten allerdings nimmt zu (siehe auch das Interview mit Romeo Bissuti, ▸ Seite 68).

Die Schwere der Taten nimmt zu

Langgediente Lehrer wie die 54-jährige Grete, die seit 30 Jahren an Hauptschulen bzw. Kooperativen Mittelschulen unterrichtet, sagen, dass man „heute schon froh sein kann, wenn einmal ein paar Wochen Frieden ist". Grete erinnert sich daran, dass bei einem der Seminare zum Thema Gewaltvermeidung, die für gewöhnlich von Polizisten gehalten werden, „zwei Kinder vor der Nase des Polizisten begonnen haben, sich zu prügeln". Und: „Es fällt mir schwer, es zu sagen, aber die Bereitschaft, die eigene Kultur gegen alles andere zu verteidigen, ist bei türkischen und serbischen Burschen viel höher als bei Wiener Kindern. Wenn sie das Gefühl haben, es geht etwas gegen sie als Türken oder Serben, dann reagieren sie aggressiv. ‚Ich schlag dich', ‚Ich komm mit meinen Freunden', das hör ich x-mal am Tag." Das schaukle sich dann auf.

Auch die Situation, in die der 16-jährige Marcus unlängst geraten ist, hatte ihren Ursprung im Fremdenhass, allerdings mit umgekehrten Vorzeichen. „Wir sind in einem Lokal ein paar Neonazis begegnet, die handgreiflich wurden, weil ein paar ‚Ausländer' in unserer Gruppe waren", erzählt er. „Der Lokalbesitzer hat die Schläger rausgeworfen, dann kam die Polizei und hat sie fortgeschafft." Konsequenz: „Wir haben diesen Club von der Liste der Lokale, die wir besuchen, gestrichen, weil wenn wir diesen Idioten wieder begegnen, gibt das nur Stress."

Rassistische Ansätze hat auch Michael Schaefberger (2010) in seiner Untersuchung über Chancen und Gefahren von sozialen Netzwerken im Internet festgestellt. Sie bilden nicht mehr nur eine unrühmliche Ausnahme, sondern sind für viele Schülerinnen und Schüler alltägliche Realität. Laut Schaefberger verstärken Online-Communities die Tendenz zu Auseinandersetzungen zwischen den Ethnien. Die Ursachen dafür sind vielfältig und liegen nicht zuletzt darin, dass junge Menschen mit

Rassistische Ansätze sind tägliche Realität

Migrationshintergrund sich oft zu Recht als Verlierer in dieser Gesellschaft wahrnehmen.

Rituelle Spielchen

Die Gewaltbereitschaft nimmt ab

Und doch nimmt die Gewaltbereitschaft insgesamt ab. In Zusammenarbeit mit der Universität Osnabrück hat das Forschungsbüro der Männerberatung Graz im Rahmen des EU-Projekts Stamina Daten zur Gewalttätigkeit an steirischen Schulen erhoben. Befragt wurden 724 Schüler der achten Schulstufe. Anhand der Fragebögen zeigte sich, dass 39 Prozent der Jungen und 15 Prozent der Mädchen in den letzten drei Monaten Jungen oder Mädchen einmal oder öfter geschlagen oder körperlich angegriffen haben oder bei einer Schlägerei so verletzt haben, dass der oder die Attackierte mehrere Tage Schmerzen hatte oder zum Arzt gehen musste. „Das heißt umgekehrt, dass 85 Prozent der Mädchen und 61 Prozent der Jungen diese Verhaltensweisen nicht gezeigt haben", betont Christian Scambor (2010) vom Projektteam. Die Unterschiede zwischen Angehörigen verschiedener Staatsbürgerschaft seien jedoch nicht so auffällig wie die zwischen den Geschlechtern.

Klar wurde in der Auswertung der Stamina-Studie auch: Wer zu Hause Gewalt und Misshandlung – auch der Eltern untereinander – erlebt hat, wird eher selbst gewalttätig, empfindet wenig Empathie, ist ein Außenseiter in der Schule und neigt zu übermäßigem Alkoholkonsum. Da seien die Lehrer gefordert, diese Problematik zu entschärfen, so die Studienautoren. Denn eine positive, vertrauensvolle Beziehung zu Lehrpersonen könne die Entwicklung von „belasteten" Jugendlichen hin zu gewalttätigem Verhalten unterbrechen.

Freilich dürfen fast schon rituelle Spielchen zwischen pubertierenden Knaben nicht mit tatsächlicher Gewaltausübung verwechselt werden. So beginnen Buben in einem gewissen Alter, einander – mitunter auch recht grob – zu schubsen und zu rempeln, absichtlich auf die Zehen zu treten, die Mützen vom Kopf zu reißen und irgendwohin zu schleudern und dergleichen irritierende Verhaltensweisen mehr. Die Grenze zwischen Spaß und Ernst zu ziehen ist dann oft schwierig und wird meist erst dann wahrnehmbar, wenn es wirklich wehtut.

Grenze zwischen Spaß und Ernst

Warnzeichen

Niemand, der von anderen gepiesackt wird, spricht gern darüber. Und auch Kinder und Jugendliche, die gemobbt oder Opfer von Gewalt werden, behalten das meist für sich – aus Scham und aus Angst, ausgelacht zu werden. Diese Anzeichen sollten Eltern hellhörig machen: Ihr Kind

- will nicht in die Schule gehen;
- findet allerlei Ausreden, warum es nicht in die Schule gehen kann, Bauchweh oder Kopfweh sind die häufigsten;
- will partout einen anderen Schulweg gehen;
- ist angespannt, weinerlich und schlicht unglücklich, bevor es in die Schule geht oder auch beim Nachhausekommen;
- spricht immer wieder davon, wie sehr es die Schule hasst;
- hat Schlafprobleme oder Alpträume;
- hat keine oder nur ganz wenige Freunde;
- erzählt nichts aus dem Schulalltag.

Foto: shutterstock/Piotr Marcinski

Dass auch noch junge Männer stänkern wollen und den Streit zuweilen regelrecht suchen, weiß der mittlerweile 20-jährige Julian aus eigener Erfahrung. Vor vier Jahren ging er mit drei Freunden in der Nacht durch die Wiener Innenstadt. Ein Auto mit zwei Burschen darin rollte zuerst langsam neben ihnen her, blieb dann stehen und die beiden Burschen fingen unter einem Vorwand eine Streiterei an, die schnell in eine Prügelei ausartete. Resultat: Julian hatte eine aufgeplatzte Lippe und zwei sprichwörtlich blaue Augen, seine Freunde verließen den Schauplatz ähnlich lädiert.

Heute weiß Julian, dass er in einer solchen Situation rechtzeitig das Weite suchen und sich nicht auf irgendwelche Diskussionen mit möglicherweise gewalttätigem Ausgang einlassen würde.

Mädchen sind anders

Mädchen kämpfen gegen Rivalinnen

Gewaltbereitschaft unter Mädchen zeigt sich anders als unter Burschen. Dass sie nur um des Raufens willen Unbekannte anpöbeln, um dann über sie herzufallen, ist selten. Mädchen kämpfen meist gegen andere Mädchen, die sie bereits kennen und schon seit längerer Zeit als Rivalinnen betrachten. Der Terror, der dann beginnt, muss nicht unbedingt in körperliche Gewalt ausarten. Es kann ein Nervenkampf werden, aber wehtun kann der Zickenkrieg genauso. Im Prinzip geht es – wie auch oft bei den Burschen – um das Herstellen einer Rangordnung. Mädchen versuchen dabei, sich gegenseitig Freunde und Freundinnen auszuspannen, verpetzen einander bei den Lehrern, machen die jeweils andere auch vor anderen Personen schlecht.

Eine Rangordnung herstellen

Gewaltbereitschaft demonstriert Männlichkeit

„Gewaltbereites Verhalten wird bei Burschen und Männern subtil gefördert", weiß der Klinische und Gesundheitspsychologe Romeo Bissuti, Leiter des Männergesundheitszentrums MEN in Wien. Sind sie dann schon länger in einer frustrierenden Lebenslage und noch dazu mit wenig Selbstbewusstsein ausgestattet, reagieren sie sich schon einmal mit den Fäusten ab. Im Interview spricht Bissuti von neuen Gewaltformen, wenig Schuldgefühlen bei den Tätern und der No-Future-Generation.

Interview mit Romeo Bissuti

Foto: MEN

Ist die heutige Jugend gewalttätiger als die vor 25 oder 50 Jahren?

Romeo Bissuti: Jugend und Gewalttätigkeit war immer schon ein skandalträchtiges Thema, schon bei den alten Griechen. Wir wissen, dass es zwischen 16 und 25 einen Gipfel bei den Gewalttaten gibt. Zu 90 bis 95 Prozent sind Burschen die Täter. Viel weniger wird von der Gewalt der Erwachsenen gesprochen. In Österreich gibt es täglich 20 Wegweisungen von Erwachsenen, das heißt, in ganz normalen Beziehungen wird Gewalt ausgeübt, ebenfalls zu 95 Prozent durch Männer. Und das ist kein großer Aufreger. Obwohl es eigentlich einer wäre: 20-mal im Tag muss die Polizei ausrücken, um einen Gefährder – meistens Männer – aus der Wohnung zu weisen. Insgesamt ist aber die Gewalt auch bei den Jugendlichen rückläufig. Es gibt allerdings im Vergleich zu vor zehn Jahren neue Formen von Gewalt, etwa Mobbing im Internet. Auch das sogenannte Happy Slapping ist ein neues Phänomen. Durch die technischen Möglichkeiten kann man auf allerlei Gedanken kommen.

„Happy Slapping"

Ein cooler Name für ein übles Spiel: Mitschüler, Lehrer oder auch völlig unbeteiligte Passanten werden unvermittelt geschlagen, geprügelt oder sexuell genötigt, die gesamte Szene mit dem Handy gefilmt und das Video dann per MMS oder Internet verbreitet.

Foto: shutterstock/F.C.G.

Woher kommt die Gewaltbereitschaft bei Männern?

Mit Gewaltbereitschaft Männlichkeit demonstrieren

Bissuti: Gewaltbereitschaft zu zeigen ist etwas, womit man als Mann Männlichkeit demonstrieren kann und wo man damit rechnen kann, dass man in einem bestimmten Kontext damit Anerkennung findet. Die Symboliken bekommen wir in der medialen Welt präsentiert. Das Drehbuch „Ein Mann sieht rot" sehen wir täglich im Fernsehen in den verschiedensten Ausformungen. Wenn man mit Jugendlichen spricht, die Gewaltprobleme haben oder Gewalttaten begangen haben, sieht man, dass sie wenig Zugang zu eigenen Gefühlen haben, sehr geringes Selbstvertrauen, aber in hochbelastenden Situationen stecken, in denen sie niemanden haben, mit dem sie sprechen können. Also alles, was man in unserer Gesellschaft mit Schwäche, mit Abwertung mit Nichterfolgreichsein assoziiert. Und das Zeigen von Gewaltbereitschaft bietet eine Möglichkeit zu demonstrieren: Diesen Status kann ich immer noch, quasi per Faustrecht, verteidigen. Das ist eine Logik, die bei Männern und Burschen kulturell abgesichert ist und – unabsichtlich – gefördert wird.

Und bei Mädchen?

Mädchen agieren in Gruppen

Bissuti: Im Vergleich mit gewaltbereiten Burschen hat sich gezeigt, dass Mädchen eher in Gruppen agieren und weniger Waffen einsetzen. Mit ihren Opfern sind sie meist schon länger bekannt und haben schon lange Rivalitäten aufgebaut. Meistens sind die Mädchen nach der Tat auch recht froh darüber, dass sie diese – in der Jugendsprache – „Bitch" fertiggemacht haben. In den Untersuchungen hat sich auch gezeigt, dass die gewaltbereiten Mädchen häufig in aufrechten Gewaltbeziehungen sind, mit Vätern, mit Partnern, so dass sie Angst haben, geschlagen zu werden. Aber in der Brutalität unterscheiden sie sich nicht von den Burschen, auch nicht darin, dass die Mädchen keine Schuldgefühle haben.

Keine Schuldgefühle bei den Tätern?

Abreagieren und Dampf ablassen

Bissuti: Das kommt darauf an. Wenn zum Beispiel jemand gewalttätig wird, um Frust abzubauen – Situationen, die man eher bei Burschen findet –, dann reicht die kleinste Kleinigkeit aus, um irgendeinen Rivalen fertigzumachen. Dann muss das nicht unbedingt von schlechtem Gewissen gekennzeichnet sein, weil sich der junge Mann einfach abreagieren, Dampf ablassen will. Der bringt das auch nicht in einen Zusammenhang damit, wie es ihm gerade geht in seinem Leben, mit Versagenserlebnissen, mit einer unguten Situation, in der er vielleicht schon seit Tagen ist. Es gibt eine Menge an Neutralisierungstechniken, wie sich der Bursche das zurechtlegen kann. Der sagt vielleicht: „Wieso, ich war scheiße drauf, der hat mich blöd angeschaut, mich schaut keiner blöd an." Es kommen jede Menge Rechtfertigungen. Aber das muss man mit einem menschlichen Maß beurteilen, man muss nur bedenken, wie man sich selbst verhält, wenn man eine miese Tat oder einen Fehler begeht: Da fällt einem viel ein, was alles schuld sein könnte, bevor man sagt: „Ich hab Mist gebaut und den muss ich auch wegräumen."

Die deutsche Jugendrichterin Kirsten Heisig beschreibt in ihrem Buch „Das Ende der Geduld", dass gewalttätige Jugendliche heute brutaler sind und dort nochmal hintreten, wo frühere Generationen bereits aufgehört hatten.

Der Gruppendruck hat zugenommen

Bissuti: Ich möchte da vorsichtig sein. Man kommt sehr schnell dahin, dass man sagt: Die Zeit wird kälter, die Jugend verroht. Ich bin mir nicht sicher, ob das zutrifft. Ich glaube, dass ein gewisser Gruppendruck da ist, der vielleicht zugenommen hat. Dass man schon angespornt wird, weil was anderes ist fad, das hatten wir schon. Es ist auch wenig Information darüber da, was ein Tritt gegen den Kopf anrichten kann. Tatsache ist, dass in vielen Computerspielen Gewalt sehr unrealistisch dargestellt wird, dass Körper sehr viel aushalten. Man übernimmt Gewalthandlungen wie eine Körpersprache. Ich kann mir auch vorstellen, dass viel Frust aufgestaut wird, der sich in der Gruppe entlädt, gerade so etwas wie ein No-Future-Gefühl, vor allem bei Jugendlichen, die zwischen allen Stühlen sitzen, also sozial schwache Jugendliche, die eventuell auch in der Schule gescheitert sind, oft auch mit Migrationshintergrund. Sie werden hier in Österreich als Menschen zweiter Klasse behandelt. Dass sich da ein Frust aufbaut, ist nicht überraschend.

Trifft es zu, dass Burschen, deren Familien aus der Türkei oder aus Serbien stammen, eher gewaltbereit sind?

Bissuti: Ich würde das gern aus der nationalen und religiösen Perspektive herausnehmen. Gewalt hat dort einen Nährboden, wo patriarchale Deutungsmuster vorherrschen, Bilder von Männlichkeit, die mit Gewaltbereitschaft verknüpft sind, die kann ich in Österreich genauso finden wie bei Menschen mit Migrationshintergrund. Allerdings kann eine Betonung von Gewaltbereitschaft von Burschen mit Migrationshintergrund oft eine Gegenreaktion auf soziale Benachteiligung und rassistische Ausgrenzung sein. Deshalb sollte dieses Thema vor allem aus sozialpolitischer Perspektive bearbeitet werden.

Reaktion auf soziale Benachteiligung

Bloßgestellt, und alle schauen zu

Mitschüler zu verspotten und auszugrenzen ist keine Erfindung der heute 12- bis 17-Jährigen. 1973 schrieb der US-amerikanische Thrillerautor Stephen King seinen Erstlingsroman „Carrie", in dem sich eine 16-jährige für die Hänseleien ihrer Kameraden auf fatale Weise rächt. Heute hat diese Art von Ausgrenzung, Diffamierung und Gemeinheit einen anderen Namen: dissen, unter Erwachsenen Mobbing genannt. Und bekommt in letzter Zeit in vielen Fällen noch einen weiteren Dreh: Sie wird ins Netz gestellt.

Die Inszenierung, die für die Kinder und Jugendlichen in sozialen Netzwerken (► Seite 60), aber auch durch Reality Soaps im Fernsehen gang und gäbe geworden ist, hat auch das Thema Gewalttätigkeit erfasst. Handyvideos von Prügeleien oder Vergewaltigungen (sogenanntes Happy Slapping) zirkulieren im Netz. „Da derartige Aktionen oft nur dazu dienen, die eigene ‚Coolness' zu unterstreichen bzw. das eigene Ego zu stärken, nehmen manche Jugendliche diese Gelegenheit zum Anlass, ihre Auseinandersetzungen mittels Video zu dokumentieren und sich damit in der Öffentlichkeit zu inszenieren", stellt Michael Schaefberger (2010) in seiner Studie über die Chancen und Gefahren von Social Communities fest. Denn es bringt wesentlich mehr Publikum, wenn man einen Außenseiter auf einer Internetplattform zur Schnecke macht als bloß im Schulhof. Für die Täter ist das ein Kick und damit ein ungeheurer Anreiz.

Inszenierung in der Öffentlichkeit

Die Problematik trifft sowohl Mädchen als auch Burschen, und zwar als Täter wie auch als Opfer. In der Klasse der 16-jährigen Therese hat es im Vorjahr einen solchen Fall gegeben. Ein Mädchen wurde von zwei Burschen via Internet gemobbt, „dann haben sie auch ein Profil von ihr erstellt und von dort aus immer wieder gemeine Sachen an eine Lehrerin geschrieben".

Grenzenlose Machtentfaltung

„Wenn dem Täter, also dem Initiator des Mobbings, kein Widerstand entgegengesetzt wird, sein Handeln sogar von Mitschülern toleriert und von einigen sogar unterstützt wird, dann kann seine Machtentfaltung grenzenlos werden", warnt der ehemalige Schuldirektor und Buchautor Karl Gebauer (2010). Die Folge: Kinder, die sich mit dem Mobbingopfer solidarisieren, werden unter Druck gesetzt, es kommt auch zu körperlichen Übergriffen.

Welche Ausmaße das Dissen im Internet bereits angenommen hat, zeigt ein Fall, der sich im Mai 2010 in Kärnten ereignete. Der damals 13-jährige Joel ließ sich vom Zug überrollen. Nach einer langen Leidensgeschichte als Mobbing-Opfer war er schließlich durch einen auf seinem Facebook-Profil zu einer Pornoseite gesetzten Link als Schwuler diffamiert worden (Odebrecht-Beer 2011).

Rollenspiele für konstruktives Streitschlichten

Dass der aggressive Akt des Mobbings durch die zusätzliche Öffentlichkeit im Internet für die Opfer noch demütigender wird, hat auch verschiedene Initiativen entstehen lassen, beispielsweise Peer-Mediationen in Schulen, wo Konflikte von den Schülern selbst nach festgeschriebenen Klassenregeln gelöst werden. Das setzt freilich einiges Engagement der Lehrer voraus, die vorab, meist in Rollenspielen, den Kindern und Jugendlichen konstruktive Streitschlichtung und das sinnvolle Eingreifen bei Mobbing beibringen müssen. Mit dem Präventionsprojekt „Click & Check" will etwa das Landespolizeikommando Oberösterreich gemeinsam mit dem Landesschulrat junge Menschen für den sicheren Umgang mit Handy und PC sensibilisieren. Angeboten werden dazu Elternabende, Lehrerfortbildungsseminare und Schülerworkshops. Ziel ist, dass die Schüler die Situation aus der Sicht des Opfers kennenlernen und Themen wie Zivilcourage, gewaltfreie Konfliktlösung, den verantwortungsvollen Umgang mit neuen Medien etc. in der Gruppe erarbeiten und präsentieren. Auch die Betreiber der Plattform saferinternet.at bieten solche Workshops an (siehe auch Adressen ► Seite 126).

Das hilft

- Zuhören, zuhören, zuhören. Das ist die erste Elternpflicht, wenn Sie bemerken, dass Ihr Kind das Opfer von Schulrowdys oder Mobbing wird. Und: „Zuerst einmal feststellen, was das Kind will", empfiehlt der Psychologe Romeo Bissuti. Denn Kinder und Heranwachsende haben durchaus Kompetenzen und Ressourcen, sich die Dinge selber auszumachen, die auch okay sein können. Freilich muss man eingreifen, wenn das Opfer ankündigt: „Morgen nehme ich einen Prügel mit in die Schule und hau ihm eine über den Schädel."
- Zeigen Sie Ihrem Kind, dass es jederzeit mit Ihnen über Probleme reden kann. Der Leidensdruck für Gewalt- oder Mobbingopfer wird umso größer, wenn sie mit niemandem darüber sprechen können.

Schweigen erhöht den Leidensdruck

- „Opfer" ist heute unter Jugendlichen bereits ein Schimpfwort, gleichbedeutend mit Schwächling und Versager. Fördern Sie alles, was in Richtung Selbstbehauptung geht. Bestärken Sie Ihren Sohn oder Ihre Tochter darin, sich mit Worten zu wehren und selbstbewusst aufzutreten.
- Sehen Sie sich auch genau an, was der Hintergrund der Gewalttat(en) oder des Mobbings ist, ob es schon eine lange Streitgeschichte gibt oder ob Ihr Kind zufällig das Opfer wurde und ob es Ältere sind, die Jüngere terrorisieren.
- Nehmen Sie dann in Absprache mit dem Jugendlichen wenn nötig mit der Schule Kontakt auf und lassen Sie nicht locker, wenn von Seiten der Schule keine Schritte gegen den Gewalttäter unternommen werden. Wenn es gar nicht anders geht: Überlegen Sie einen Schulwechsel.
- Sprechen Sie mit Ihrem Kind darüber, wie Sie in Situationen reagieren, wenn Sie angepöbelt oder provoziert werden.
- Sprechen Sie auch einmal durch, wie man sich verhält, wenn man auf der Straße in eine bedrohliche Situation kommt: Davonzulaufen ist keine Schande. Laut um Hilfe zu schreien schlägt Angreifer in die Flucht und veranlasst (hoffentlich) erwachsene Helfer, einzugreifen. Jedenfalls sollte nach einer solchen Situation die Polizei informiert werden.

Davonlaufen ist keine Schande

- Geben Sie Ihrem Kind, wenn es spät am Abend noch unterwegs ist, immer Geld fürs Taxi oder besser noch Taxi-Bons mit. Dann muss es nicht durch finstere Gassen laufen und sich unnötig Gefahren aussetzen.

Saufen bis zum Blackout

Als sie nach einem langen Arbeitstag nach Hause kam, merkte Karla, 49, sofort, dass etwas nicht stimmte. „Daniel druckste herum, und da sah ich, dass sein Freund auf dem Bett lag und ziemlich bedient war." Daniel beichtete schließlich, dass die beiden 14-Jährigen in einem nahegelegenen Lokal eine halbvolle Flasche Schnaps gekauft und ausgetrunken hatten. Sein Freund hatte mehr erwischt. Kotzübel war ihm, und Daniel hatte befürchtet, „dass er hinüber ist". Der schwankende, kreidebleiche Junge wurde schließlich von seiner herbeitelefonierten erbosten Mutter nach Hause verfrachtet.

Eine halbe Flasche Schnaps für zwei 14-Jährige

Jede Familie hat eine solche Geschichte im Anekdotenschatz. „Schon aus der Vorkriegszeit gibt es Berichte über Jugendliche, die sich bei Volksfesten gezielt an die Grenze der Bewusstlosigkeit gesoffen haben und für heftigste Raufereien und Vandalenakte verantwortlich waren", gibt Alfred Uhl, Forscher am Wiener Ludwig-Boltzmann-Institut für Suchtforschung, zu bedenken (Freisleben-Teutscher 2007).

Freilich wächst in den letzten Jahren der Verdacht, dass der Alkoholkonsum über das gerade in der Pubertät übliche Probieren und einmalige Über-die-Stränge-Schlagen hinausgeht. Mit dem Konsum von Alkohol werden Grenzen ausgelotet – und überschritten. Schlagzeilen über 12-Jährige, die sich ins Koma trinken, und TV-Reality-Soaps wie „Saturday Night Fever" zeichnen ein Bild von Jugendlichen, die vom Vorglühen am Freitagabend bis zum Durchhänger Sonntagnacht nichts anderes tun, als abwechselnd bis zum Umfallen zu saufen oder ihren Kater zu kurieren. „Ich finde das nicht besonders echt", urteilt der 16-jährige Marcus über diese Art von Sozialporno, in dem sich junge Menschen für eine halbe Stunde Fernsehberühmtheit vor der Kamera zum Kotzbrocken machen. „Ich glaube, solche Sendungen schaden dem Ansehen der Jugendlichen.

Nicht besonders echt

Ernst genommen

Auf dem Weg ins Erwachsenenalter sind die Heranwachsenden dabei, alles und jedes zu erforschen. Dazu gehören auch legale und illegale Drogen. „Der missbräuchliche Konsum von Erwachsenen übersteigt den missbräuchlichen Konsum von Jugendlichen um ein Vielfaches", sagt der dänische Familientherapeut Jesper Juul (2010). In beiden Fällen hat der Missbrauch ähnliche Wurzeln: ein niedriges Selbstwertgefühl, ein negatives Selbstbild und die mangelnde Fähigkeit, mit den Höhen und Tiefen im Leben zurechtzukommen. „Das bedeutet, dass der Einsatz der Eltern in den ersten zehn bis zwölf Lebensjahren ihrer Kinder entscheidend für deren weiteres Schicksal ist", so Juul. Eltern könnten deshalb sicher sein, dass ihre Haltung Drogen gegenüber ernst genommen wird und ihre Kinder „im Stillen mit sich zurate gehen oder mit Freunden darüber diskutieren".

Foto: shutterstock/Diego Cervo

Die Leute denken dann, wir Jungen sind dauerbesoffen. Aber was mir die Erwachsenen so erzählen, war das früher genauso, bloß ist es nicht herausgekommen." Marcus selbst hatte im Vorjahr seinen ersten Rausch, auf einer Geburtstagsfeier. „Ich habe damals noch nicht gewusst, was ich vertrage", gesteht er. Und: „Ich hatte einen kompletten Filmriss, was nicht wirklich schön war." Der Geschmack im Mund vom weißen Spritzer sei am nächsten Tag auch nach dreimal Zähneputzen nicht weggegangen, jetzt wird ihm schon schlecht, wenn er Weißwein nur riecht. „Das ist mir einmal passiert, aber nie mehr wieder", ist Marcus sicher. Auch die 16-jährige Therese kann Saufgelagen nichts abgewinnen: „Ich sehe den Spaß daran nicht."

Unschöner Filmriss

Bier trinkender Vater, Prosecco schlürfende Mutter

„Man sollte nicht vergessen, dass fast alle Österreicher zumindest gelegentlich Alkohol trinken und dass die überwiegende Mehrheit den Alkoholkonsum als positiven Bestandteil ihres sozialen und kulturellen Lebens empfindet", erinnert Drogenforscher Uhl. Was gleichzeitig bedeutet, dass das Verhalten der Erwachsenen Modell für die nächste Generation ist. Und

Herr und Frau Österreicher sind notorisch trinkfreudig. Zwar ist der Alkoholkonsum insgesamt in den letzten Jahren rückläufig, doch immerhin bringt es jeder Österreicher im Durchschnitt auf rund elf Liter reinen Alkohol im Jahr, eineinhalb Liter mehr als die Durchschnittsbewohner der anderen OECD-Länder. Laut einer Umfrage des market-Instituts im Auftrag des Gesundheitsministeriums und des Ludwig-Boltzmann-Instituts für Suchtforschung ist der Alkoholkonsum bei 17 Prozent der befragten Österreicher zwischen 15 und 99 Jahren als problematisch einzustufen (2008). Am meisten trinken die 45- bis 55-Jährigen, da kommen die Männer auf durchschnittlich eineinhalb Liter Bier pro Tag, die Frauen auf ein paar Gläschen Wein. Das ist bekanntlich die Altersgruppe, bei der zu Hause meist ein paar pubertäre Kinder herumsitzen.

Problematischer Alkoholkonsum

Wein und Bier, Prosecco und Apérol spritz sind die gesellschaftlichen Gleit- und Schmiermittel. Und das ist bei den Erwachsenen nicht anders als bei den Jugendlichen, bloß dass die in letzter Zeit statt Ribiselwein lieber Cocktails nippen, in denen knallharte Spirituosen mit süßen Säften gemixt sind und die runtergehen wie Honig. Bereits 90 Prozent der unter 16-Jährigen haben trotz Jugendschutzgesetzen, die den Konsum von Alkohol bis zu diesem Alter zumindest in der Öffentlichkeit verbieten, mehrere Alkoholerfahrungen gemacht. Das geht aus den Ergebnissen der letzten HBSC-Erhebung der Weltgesundheitsorganisation WHO hervor. Nach diesem Report zum Health Behaviour in School-aged Children trinken laut eigenen Angaben jeder fünfte 15-jährige österreichische Knabe und fast jedes fünfte 15-jährige Mädchen ein- bis zweimal im Monat, knapp jeder achte 15-jährige Knabe und jedes vierzehnte 15-jährige Mädchen etwa wöchentlich so viel Alkohol, dass sie betrunken sind (Dür et al. 2007).

Forscher wie Alfred Uhl betonen jedoch immer wieder, dass die Zahl der Jugendlichen, die angeben, bereits Alkoholräusche erlebt zu haben, sehr vorsichtig interpretiert werden sollte, „weil ‚Rausch' ja alles von minimaler Beeinträchtigung bis zu Vollrausch bedeuten kann, und weil alkoholunerfahrene Personen schon bei relativ geringen Mengen Alkohol deutlich beeinträchtigt sein können" (Uhl et al. 2008).

Zahlen mit Vorsicht interpretieren

Zudem gibt Uhl zu bedenken, dass das Phänomen des zunehmenden Rauschtrinkens bei Jugendlichen in Österreich derzeit mangels spezifischer Forschungsergebnisse weder quantitativ gut zu präzisieren noch

Wie Sucht entsteht

9,6 Prozent der Menschen, die Alkohol einmal probiert haben, entwickeln eine Abhängigkeit, heißt es in einem Bericht des Deutschen Bundesministeriums für Forschung und Bildung (Langbein & Skalnik 2005). Bei Nikotin sind es 32,2 Prozent, bei Cannabis 4,8, bei Kokain 6,7 Prozent. Zwar suchen Wissenschaftler schon lange nach „der Suchtpersönlichkeit", doch die scheint es genauso wenig zu geben wie „den Krebspatienten". Auch bestimmte Gendefekte, die für die Entwicklung einer Sucht verantwortlich sein sollen, werden zwar immer wieder identifiziert, sind aber nicht allein ausschlaggebend. Klar ist, dass gewisse Substanzen oder Handlungen – bekanntlich kann auch das Spielen an einarmigen Banditen süchtig machen – bei bestimmten Menschen Glücksgefühle auslösen, und zwar durch eine Ausschüttung des Botenstoffes Dopamin. Doch um dasselbe Glücksgefühl wie ursprünglich zu verspüren, braucht es immer mehr der Substanz oder Handlung. Die Betroffenen können sich schließlich davon nicht mehr fernhalten. Ihr ganzes Leben dreht sich nur mehr darum. Da in der Zeit der Pubertät und Adoleszenz ein Umbau des Gehirns und des Hormonhaushalts vonstattengeht (► Seite 10ff.) und gerade das Dopaminsystem als letztes heranreift, kann das sorglose Herumexperimentieren mit Drogen in diesem Alter bleibenden Schaden anrichten (Koch 2010).

Foto: shutterstock/
Hasloo Group Production Studio

qualitativ gut bestimmbar sei, da die Zahlen immer auf persönlichen Angaben in Fragebögen beruhen. Und da muss man sich auf die Ehrlichkeit der Befragten verlassen.

Eine andere Statistik ist etwas aufschlussreicher, wenngleich auch mit Vorbehalt zu lesen: Seit 1990 werden an der Universitätskinderklinik in Graz die Spitalsaufnahmen von Kindern und Jugendlichen aufgrund von „Alkoholintoxikation" gezählt. Bis zum Jahr 2007 stieg die Zahl der Aufnahmen um das 27-fache an. Das mag zwar auch daran liegen, dass es aus verschiedenen Gründen lange Zeit wenig Bereitschaft in den Spitälern gab, Alkoholvergiftungen als solche zu dokumentieren, zumal bei Kindern und Jugendlichen.

Früher Kontakt mit Drogen

Doch wie man es auch dreht und wendet: Die Frequenz von Vollräuschen bei Jugendlichen hat auch über die letzte Dekade erheblich zugenommen. Die Ursachen dafür sieht Alfred Uhl einerseits darin, dass

Kinder heute früher in die Pubertät kommen und 14-Jährige in ihrer Entwicklung oft schon den 17- bis 20-Jährigen früherer Generationen entsprechen und dadurch – Jugendschutz hin oder her – auch früher in Kontakt mit legalen oder illegalen Drogen kommen. Wodurch die absoluten Zahlen derer, die im jugendlich-pubertären Experimentierstadium verschiedene Drogen ausprobieren, anwachsen.

Konsumgewohnheiten ändern sich

Eine andere Ursache sei jedoch „der Umstand, dass sich in Europa die Konsumgewohnheiten der Regionen kontinuierlich angleichen und damit nahe liegt, dass das nordeuropäische exzessive Trinkmuster auch in Österreich zunimmt" (Uhl et al. 2008).

Die Gastwirte tun noch ein Übriges, indem sie drei Drinks zum Preis von zwei anbieten und alkoholfreie Getränke generell teurer ausschenken als Wein oder Bier. Maturareisen in Charterseglern, bei denen pro Passagier und Woche zehn Flaschen Alkohol mit an Bord kommen, Schulpartys, auf denen Wodkaflaschen kreisen, und die Cocktailbar als Location für Geburtstagsfeste von 15-Jährigen sind keine Seltenheit.

Vom Jungzecher zum Alkoholiker

Zwar muss der eine oder andere Rausch im Jugendalter noch nicht zwangsläufig in einer Alkoholiker-Karriere enden. Doch Ärzte haben beobachtet, dass rund zwei Drittel der mit Alkoholvergiftung ins Spital eingelieferten Jugendlichen durch Trinkspiele und Wetten aus purer Naivität in diese Situation kommen – das restliche Drittel aber ein wirkliches Problem hat (Tschachler 2006a): Sie müssen öfters aus demselben Grund aufgenommen werden, und etliche sind aufgrund ihrer schwierigen Lebenssituation wahrscheinlich schon in jungen Jahren sogenannte Entlastungstrinker. Denn „ein Alkoholproblem kommt nie allein", wie der Wiener Drogenexperte Michael Musalek es beschreibt (Oswald 2010), „das ist immer eingebunden in psychiatrische Auffälligkeiten wie Depressionen, Schlafstörungen, massive psychosoziale Probleme". Musalek warnt deshalb davor, übermäßigen Alkoholkonsum zu bagatellisieren oder überhaupt zu ignorieren. „Es geht darum, ein kritisches Bewusstsein fernab von Anklage oder Bestrafung zu schaffen", rät der Drogenexperte. „Ein dogmatisches Vorgehen wird von Jugendlichen in

Ein Alkoholproblem kommt nie allein

der Regel nicht angenommen. Wenn Jugendliche erfahren, wo Vorteile, Nachteile und Gefahrenmomente liegen, dann hat das immer Wirkung." Das bedeutet, dass das Vorleben einer vernünftigen Haltung entscheidend sein kann.

Das hilft

Auch wenn Sie als Mutter oder Vater befürchten, in die Rolle des Moralapostels gedrängt zu werden, ist es günstig, der Nachkommenschaft auch in Sachen Alkoholkonsum eine Orientierung zu geben:

Dem Gruppendruck entziehen

- Erklären Sie Ihren Kindern unter 16, warum Alkohol für sie tabu ist. Und zwar auch dann, wenn Oma ihren Achtziger feiert und alle mit Sekt anstoßen.
- Die Jugendschutzgesetze sagen, dass man ab 16 Alkohol (in der Öffentlichkeit) trinken darf (in manchen Bundesländern stärkere Spirituosen erst ab 18). Das heißt nicht, dass man das müsste. Je selbstbewusster ein Heranwachsender ist, desto eher wird er sich dem Gruppendruck der Gleichaltrigen entziehen können.
- Beschweren Sie sich, wenn Sie feststellen, dass ein Lokal Alkohol an Unter-16-Jährige ausschenkt oder dass in einem Laden Alkohol an Unter-16-Jährige verkauft wird.
- Party feiern bedeutet nicht zwangsläufig, dass Bier, Wein und Wodka in Strömen fließen. Wenn die Jugend zu Hause feiert, fein: Bis 16 sind die Feste ohnehin alkoholfrei, und ab 16 können Sie gemeinsam mit dem jugendlichen Gastgeber ein Kontingent festlegen.
- Kommt Ihr Kind sichtbar angetrunken nach Hause, ziehen Sie die Sache nicht ins Lächerliche, aber fangen Sie auch nicht an zu toben. Verfrachten Sie ihn oder sie ins Bett, aber sprechen Sie die Angelegenheit am nächsten Tag an – möglichst ohne erhobenen Zeigefinger.
- Wenn Sie bemerken, dass ihr Kind sich regelmäßig volllaufen lässt, auch untertags manchmal nach Alkohol riecht und anfängt, die Schule zu schwänzen, nehmen Sie Kontakt mit einer Beratungsstelle auf (► Seite 126).

Der erste Zug

Als im Frühjahr 2010 der UNICEF-Bericht über die Gesundheit von Kindern und Jugendlichen veröffentlicht wurde, ging ein Betroffenheitsseufzer durchs Land: Das Kinderhilfswerk der UNO reihte Österreich an die letzte Stelle der europäischen Länder.

Mit schuld daran, warum die Kinder und Jugendlichen der Alpenrepublik so ungesund leben, sind die Zigaretten. Denn Österreich ist nach wie vor eine Insel der seligen Raucher. Und das betrifft nicht nur die Erwachsenen, von denen fast jeder vierte täglich zur Zigarette greift (Statistik Austria 2006/07). Jeder zweite 13-Jährige hat bereits an der Zigarette gezogen, jeder fünfte 15-Jährige raucht täglich – die Mädchen neuerdings sogar mehr als die Burschen.

Insel der seligen Raucher

Dass Nikotin ein Suchtgift ist und die Rauchinhaltsstoffe in Zigaretten das Leben passionierter Raucher verkürzen, braucht hier nicht weiter ausgeführt zu werden. Ärzte machen sich vor allem über die Tatsache Sorgen, dass die Wahrscheinlichkeit, im späteren Leben täglich zu rauchen, steigt, je früher mit dem Rauchen begonnen wird. Denn der Suchteffekt tritt früher ein und die Kontrolle über das Rauchverhalten wird immer schwieriger (Dür et al. 2007).

Allerdings hat das Aufzeigen gesundheitlicher Konsequenzen des Rauchens auf die Jugendlichen kaum abschreckende Wirkung, zumal sich die Gesundheitsprobleme, abgesehen von Einschränkungen der Lungenfunktion, in den allermeisten Fällen erst nach 30, 40 Jahren zeigen – also in einem Alter, das für Jugendliche ohnehin schon jenseits von Gut und Böse liegt.

Auch bedrohliche Aufschriften auf Zigarettenpackungen haben daran nichts geändert, dass Zigaretten immer noch als Statussymbol der Heranwachsenden gelten. Stress in der Schule, mit Freunden oder zu Hause erhöhen die Wahrscheinlichkeit, dass der Glimmstängel zum Tröstercheni wird, nicht anders als bei Erwachsenen. Bei Mädchen kommt noch dazu, dass sie dem Mythos anhängen, Rauchen mache schlank. So haben amerikanische Studien gezeigt, dass Mädchen und Frauen, die auf ihr Gewicht fixiert sind, doppelt so häufig zu rauchen beginnen wie Geschlechtsgenossinnen, die ein entspannteres Verhältnis zu ihrem Körper haben (Illig 2001).

Mädchen meinen: Rauchen macht schlank

Das hilft

Das beste Mittel, die Kinder vom Rauchen weg- oder gar nicht erst hinzubringen, ist, selbst nicht zu rauchen. Das gilt wenigstens so lange, bis die Freunde wichtiger werden als die Eltern – also bis zur Pubertät. Doch auch anderes kann helfen:

- Klären Sie Ihr Kind über die Gefahren des Rauchens auf, aber reiten Sie nicht dauernd drauf herum.
- Machen Sie Ihre Position klar: In der Wohnung wird nicht geraucht.
- Versuchen Sie herauszufinden, ob Ihr Kind in der Schule oder mit Freunden ein Problem hat oder sich bloß an der Zigarette festhält, um Hemmungen zu überspielen.
- Bedenken Sie: Verbote, Konsequenzen und Strafen führen bei Heranwachsenden nur in Ausnahmefällen dazu, dass sie ihr Verhalten ändern. Viel eher veranlasst es sie zur Heimlichtuerei.

Verbote veranlassen zur Heimlichtuerei

Auf dem Trip

„Man probiert halt alles aus", sagt Marcus, 16, „auch Marihuana hat schon mal jeder probiert. Aber von den schlimmeren Sachen, die wirklich heftig abhängig machen, hält man Abstand und schaut auch drauf, dass andere das nicht tun." Wenn Marcus „jeder" sagt, so stimmt das vielleicht nicht ganz, zumindest laut Befragung im Rahmen der HBSC-Erhebung. Da gaben 13,5 Prozent der 15-jährigen Schülerinnen und Schüler an, schon einmal Cannabis probiert zu haben. Innerhalb des letzten Jahres waren es neun Prozent, innerhalb des letzten Monats 3,7 Prozent (Dür et al. 2007). Daneben sind hauptsächlich Kokain, Speed (Amphetamine) und Ecstasy sowie LSD in Gebrauch. Zwei bis vier Prozent der 15- bis 17-Jährigen konsumieren diese Drogen gelegentlich, ungefähr jeder Hundertste probiert Opiate aus (Weigl et al. 2010).

Cannabis ist nicht ganz so harmlos

Ganz so harmlos, wie sich Jugendliche gern einbilden, ist der Konsum von Cannabis allerdings nicht. Während lange Zeit die Lehrmeinung vertreten wurde, dass ein paar Joints noch nicht süchtig machen und die

Gesundheitsrisiken eher gering seien, haben neuere Studien ein anderes Bild ergeben: Bei psychisch instabilen Personen, häufigem Gebrauch oder sehr frühem Einstiegsalter kann es durchaus zu Abhängigkeit kommen. Überdies kann Marihuana die mentale Gesundheit beeinträchtigen und sogar Psychosen auslösen. Abgesehen davon erhöht sich im rund zwei Stunden anhaltenden Zustand des Eingerauchtseins die Unfallgefahr, die bei Pubertierenden ohnehin sehr hoch ist (Dür et al. 2007). Auch wenn es Heranwachsende, für die Cannabis schon so etwas wie eine illegale Alltagsdroge geworden ist, nicht gern hören wollen, sollte man dennoch versuchen, ihnen die Problematik vor Augen zu halten.

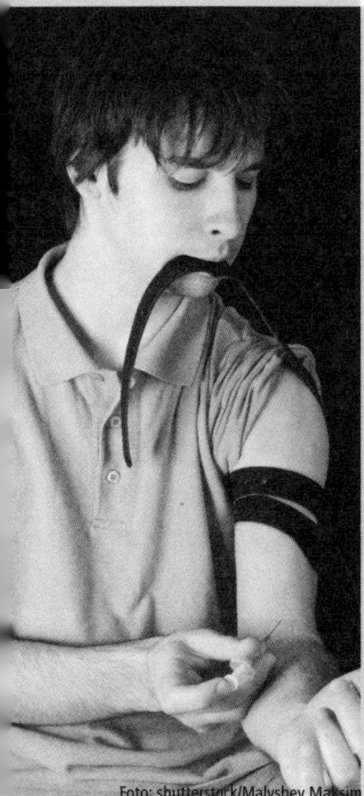

Foto: shutterstock/Malyshev Maksim

Offen ansprechen

Drogenabhängig gewordene Jugendliche berichten oft, dass ihre Eltern nicht reagiert haben, obwohl ihr Drogenkonsum eigentlich schon auffällig war. Das geschieht jedoch meist nicht aus Desinteresse der Eltern, sondern vielmehr aus Angst, dass sich Befürchtungen bewahrheiten. Wenn Sie im Zweifel darüber sind, ob Ihr Sohn oder Ihre Tochter ein Drogenproblem hat, sprechen Sie sie direkt darauf an. Hellhörig sollten Sie werden, wenn sich Ihr Kind abkapselt, Hobbys aufgibt, ungepflegt wirkt und ständig müde oder übellaunig ist, und zwar über das in der Pubertät bekannte Maß hinaus. Die Grenzen zwischen Ausprobieren und bereits ein Problem haben sind oft fließend, deshalb lohnt es sich in jedem Fall, das Gespräch zu suchen. Vorwürfe oder Drohungen sind hingegen kontraproduktiv. Nachzuspionieren, Tagebücher zu lesen, das Zimmer auf der Suche nach Beweisen zu durchwühlen, all diese Verzweiflungstaten von Eltern, die meinen, den Kontakt zu ihren Kindern verloren zu haben, stellen einen Vertrauensbruch dar, der, wenn er herauskommt, eine Entfremdung nur noch weiter vorantreibt und die Kinder weiter in die Heimlichkeit hinein. Erhärtet sich der Verdacht eines Drogenproblems, nehmen Sie Kontakt mit einer Drogenberatungsstelle auf (► Seite 126).

Bizarre Väterideen

Als äußerst bizarr stuft Romeo Bissuti vom Männergesundheitszentrum MEN die Idee mancher Väter ein, dabei zu sein und mitzupaffen, wenn der Sohn den ersten Ofen raucht oder sich den ersten Rausch antrinkt. Vor allem „wenn das als symbolische Geste gesehen wird, den Sohn in die

Männerwelt einzuführen, kann das problematisch sein". Denn das Zeichen, das damit gesetzt wird, signalisiert: So verhalten sich echte Männer.

Allerdings, und das kann eine Beruhigung für besorgte Eltern sein, ist der Konsum von illegalen Drogen wie Cannabis, Kokain oder Ecstasy bei den allermeisten Menschen auf eine kurze Lebensphase beschränkt. Das zeigen unter anderem die Zahlen und Statistiken des Berichts zur Drogensituation in Österreich (Weigl et al. 2010). Ist die Neugierde erst einmal befriedigt, lassen die meisten wieder davon ab. Auch eine neue Liebesbeziehung, der Beginn des Studiums oder einer anderen Herausforderung markieren dann das Ende des Konsums.

Auf eine Lebensphase beschränkter Konsum

Hungern bis zum Umfallen

Anfang 2010 startete die deutsche Frauenzeitschrift „Brigitte" eine Initiative: Sämtliche Fotostrecken einschließlich des Titelblatts werden nicht mehr mit Models fotografiert, sondern mit „Frauen, die mitten im Leben stehen". Als Grund gab die Chefredaktion an, sich nicht mehr den Gesetzen der Modebranche beugen zu wollen, wo die Models zuweilen schon Kleidergröße 0 hätten.

Bereits im Herbst 2008 war auf der Mailänder Modewoche Models mit einem Body-Mass-Index BMI von weniger als 18 die Teilnahme versagt worden (als normalgewichtig gelten Frau mit einem BMI von 20 bis 25), nachdem sich das brasilianische Topmodel Ana Carolina Reston zu Tode gehungert hatte – und sie war nicht die Erste gewesen. Zwar wirbt auch eine Körperpflegemarke schon seit einiger Zeit mit Frauen, die dem herkömmlichen Mager-Ideal ganz und gar nicht entsprechen. Doch genützt hat das alles wenig.

Auf den internationalen Modeschauen staksen nach wie vor junge Frauen über die Laufstege, deren Beckenknochen, Ellbogen und Schultern beängstigend spitz aus den teuren Kleidern ragen. Und die Frauenzeitschriften – auch die modellose „Brigitte" – sind nach wie vor voll von Tipps und Diätanweisungen zum Schlankwerden. So wird das Bild, das Frauen, aber auch heranwachsende Mädchen von sich haben wollen, geprägt vom Diktat des Dünnseins. Laut der Wiener Initiative gegen Ess-

Diktat des Dünnseins

störungen hält sich jedes zweite Mädchen für zu dick. Schon Neunjährige plappern ihren Müttern nach, dass sie abnehmen müssen.

Einem Idealbild nachhungern

Bei jedem 100. Mädchen bekommt der in den Köpfen fest verankerte Schlankheitswahn krankhafte Züge. Sie hungern einem Idealbild nach, ernähren sich nur mehr von Jogurt, Obst oder Karotten und nehmen oft auch noch heimlich Abführmittel, Entwässerungstabletten oder Appetitzügler. Manche von ihnen beginnen, exzessiv Sport zu treiben, um nur ja kein Gramm zuzunehmen. Die Magersucht („Anorexia nervosa" im medizinischen Fachjargon, abgeleitet vom griechischen „orexi", was so viel wie Appetit bedeutet) ist die bekannteste Form der Essstörung. Mehr als 90 Prozent der Betroffenen sind Mädchen und junge Frauen zwischen 15 und 30 Jahren.

Angst vor Kontrollverlust

Auslöser dafür, das Essen einzustellen, kann in der Pubertät, wo junge Menschen ganz besonders empfindlich und verletzlich sind, schon eine achtlos hingeworfene Bemerkung über ein „beginnendes Bäuchlein" oder „feste Oberschenkel" sein. Auch belastende Lebensereignisse wie die Scheidung der Eltern oder vom ersten Freund verlassen zu werden können die Essstörung auslösen. Freilich spielt auch die Persönlichkeit des Kindes bzw. Jugendlichen eine Rolle. Etwa ein Hang zu Perfektionismus. Magersüchtige sind meist außergewöhnlich gute Schüler, malen die schönsten Bilder, basteln die hübschesten Dinge, schreiben die besten Gedichte (Trabis und Scheer 2007). Dieser Perfektionismus geht mit der Angst einher, die Kontrolle zu verlieren. Darin, dass es ihnen gelingt, ihren Hunger zu zügeln, sehen die Magersüchtigen ihre einzige Möglichkeit, Kontrolle auszuüben, gerade in der Zeit der Pubertät, wo alles, auch die eigene Person in Frage gestellt wird. Mangelnder Selbstwert veranlasst die Betroffenen zur ununterbrochenen Beschäftigung mit dem eigenen Äußeren, das auch bei bereits bestehendem Untergewicht stets als zu üppig empfundenen wird. Pubertierende Mädchen lehnen auch oft ihre Geschlechterrolle ab und haben Probleme mit weiblichen Merkmalen wie wachsenden Brüsten und rundlicher werdenden Hüften. Dünn zu sein wird zum einzigen Lebensziel, um das die Gedanken kreisen. „Manchmal", so

Perfektionismus und Leistungsbereitschaft

Heidemarie Degendorfer-Reiter vom Therapiezentrum „intakt", „haben wir Patientinnen mit einem BMI von 14, die sich in ihrer Wahrnehmung noch immer als zu dick erleben" (Tschachler 2006b).

In 70 Prozent der Fälle geht die Magersucht mit Depressionen einher. Für Andreas Karwautz, den Leiter der Ambulanz für Essstörungen am Wiener Allgemeinen Krankenhaus, ist das kein Wunder. Im dauernden Hungerzustand verfinstert sich das Gemüt. Das haben viele Studien mit Lipidsenkern gezeigt, Medikamenten, die die Blutfette senken (► Seite 29). Bereits in den 1940er und -50er Jahren wurden in den USA gesunde Rekruten zu Studienzwecken drei Wochen lang freiwillig auf Nulldiät gesetzt. Sie wurden reihenweise depressiv, horteten Essen und berichteten von Zwangsgedanken, ganz wie Anorektiker. Deshalb kann die Krankheit doppelt gefährlich werden, was von Angehörigen regelmäßig unterschätzt wird: Das Selbstmordrisiko ist unter Magersüchtigen dramatisch erhöht.

Doppelt gefährliche Krankheit

Leicht wie eine Feder

Abgesehen von Models gibt es eine Menschengruppe, die besonders gefährdet ist, Magersucht zu entwickeln: Sportler, und zwar auch Hobbysportler. Unter ihnen sind junge Männer und Burschen öfter betroffen als Mädchen und junge Frauen. Riskant sind vor allem Sportarten, in denen vermindertes Gewicht die sportliche Leistung und Ausdauer erhöht, wie Leichtathletik, Laufen, Tanzen, Turnen und Schispringen. Erst 2009 forderte der österreichische Schispringer-Trainer Toni Innauer, den für die Sportler vorgegebenen Mindest-Body-Mass-Index von 18,5 zu erhöhen, da nur wenige Weltklasse-Springer von Natur aus an diesen Wert herankommen. Das bedeutet, sie müssen hungern (Morawetz 2010). Perfektionistisch, wie Magersüchtige sind, wissen sie „genau Bescheid, wie viele Kalorien wo enthalten sind und beim Sport in welcher Zeit verbrannt werden. So sind sie in der Lage, vorgegebene Gewichtslimits auf das Gramm genau zu erfüllen", sagt der Kinderpsychiater Peter Scheer, der an der Uniklinik Graz anorektischen jungen Athleten mit einem neuen Behandlungskonzept hilft (Trabi und Scheer 2007). Oft spielen laut Scheer auch Aussagen und Druck des Trainers eine Rolle in der Entstehung der Krankheit. Der Psychiater rät deshalb Eltern, wachsam zu sein, wenn ihre sportbegeisterten Söhne an Gewicht verlieren bzw. nicht mehr wachsen.

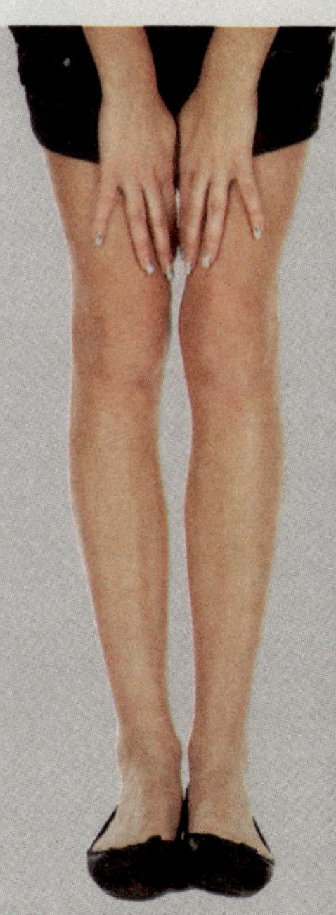

Foto: shutterstock/Olga Ekaterincheva

Alles runterschlucken, aber nichts behalten wollen

„Im Alter von 15 Jahren hatte ich meine erste Abmagerungskur streng durchgezogen", erinnert sich die Schauspielerin Dolores Schmidinger in ihrem Buch „Raus damit!" (1998). Sie war immer ein bisschen mollig gewesen, doch dann begann sie mit dem Kalorienzählen und dem Abnehmen. Aber eines Tages überkam sie die Gier nach einer Nusstorte, und danach das unbeherrschbar schlechte Gewissen. Und eine Idee: Sie ging aufs Klo, steckte sich den Mittelfinger in den Rachen und erbrach – die „Initiation in den Geheimbund der Bulimikerinnen".

Gier und schlechtes Gewissen

Erst im Jahr 1979 wurde die Bulimie erstmals als eigenständiges Krankheitsbild definiert. Vorher war sie der Magersucht zugeordnet. Im Prinzip entspringt die Ess-Brech-Sucht ja auch einem Schlankheitswahn: Betroffene sind mit ihrem Äußeren nie zufrieden. Eine Bulimie besteht laut medizinischer Definition dann, wenn über zwei Monate mindestens an zwei Tagen in der Woche Fressattacken mit anschließendem Erbrechen erfolgen. Bis zu 15 Heißhungeranfälle pro Tag sind nicht ungewöhnlich. Innerhalb weniger Minuten werden dann – oft im Stehen – Lebensmittel mit bis zu 2000 Kalorien hinuntergeschlungen und sofort wieder erbrochen. Die Häufigkeit der Erkrankungsfälle ist im Ansteigen, die Krankheit ist hauptsächlich in den USA, in Europa und in Japan bekannt (Tschachler 2003). Wie bei der Magersucht sind hauptsächlich Mädchen davon betroffen. Auch die Persönlichkeitsstrukturen sind ähnlich: Sie haben ein geringes Selbstwertgefühl, streben nach Perfektionismus und hungern nach Anerkennung.

Hunger nach Anerkennung

Sozusagen als Einstiegsdroge gilt wie bei Dolores Schmidinger das Kalorienzählen mit dem Ziel, bestimmte, viel zu enge, Gewichtsgrenzen einzuhalten. Irgendwann in einer Belastungssituation reagieren die gefährdeten Mädchen damit, zuerst „alles hinunterzuschlucken" – sie essen Unmengen –, um es dann buchstäblich „auszukotzen": Ein Teufelskreis beginnt, aus dem zu entkommen ohne professionelle Unterstützung kaum möglich ist. Die meisten ahnen oder sind sogar sicher, dass mit ihnen etwas nicht stimmt. Aber sie genieren sich, Hilfe anzunehmen, vor allem von ihren Eltern.

Wie bei der Magersucht sind Depressionen eine häufige Begleiterscheinung. Wenn die Krankheit länger besteht, kann es zu Zahnschmelzschäden, schweren Magenproblemen, Verletzungen der Speiseröhre sowie Elektrolytentgleisungen kommen, da viele Bulimikerinnen auch Abführmittel in gesundheitsschädlichem Ausmaß zu sich nehmen.

Schwerwiegende Begleiterscheinungen

Vom Essen besessen

Und schon gibt es wieder ein neues Krankheitsbild, das zwar wesentlich seltener als Anorexie und Bulimie vorkommt, von dem aber ebenfalls hauptsächlich junge Mädchen betroffen sind. Orthorexie sagen die Mediziner dazu, und diese Essstörung ist geprägt von etwas eigentlich Erstrebenswertem: dem Wunsch, nur noch Gesundes zu essen. Dieser Wunsch wird aber zum Zwang. Die Gedanken kreisen fortwährend um gesunde Nahrungsmittel, das richtige Essen zum richtigen Zeitpunkt und die Sorge darum. Wobei „gesund" für jeden etwas anderes bedeutet (Schnurr 2006). Während die einen auf Obst und Gemüse schwören, essen die anderen fast ausschließlich Eiweiß und wieder andere meiden Milch und

Warnzeichen

Obwohl die Heimlichkeit ein Charakteristikum von Essstörungen ist, gibt es doch Anzeichen, die hellhörig machen sollten:
- die Betroffenen vermeiden es, mit der Familie zu essen, oder kochen zwar für die ganze Familie, essen aber selber nicht;
- sie essen sehr langsam, schneiden die Nahrung in winzige Stücke;
- sie sind oft weinerlich, irritiert, ungeduldig und sorgenvoll;
- sie haben häufig Karies, sind kälteempfindlich und leiden unter Haarausfall und brüchigen Nägeln;
- sie gehen nicht mehr mit Freunden aus oder nehmen nicht mehr an Familienaktivitäten teil;
- sie treiben exzessiv Sport;
- die Toilette ist mehrmals täglich besetzt, auch in der Nacht;
- große Nahrungsmengen verschwinden aus dem Kühlschrank oder aus der Vorratskammer;
- bei Mädchen bleibt die Regel aus.

Foto: shutterstock/Valentyn Volkov

Milchprodukte wie die Pest, weil sie angeblich „verschleimen". Gerade Teenager sind sehr empfänglich für vermeintliche Heilslehren, auch was ihre Gesundheit betrifft. Auffallend dabei ist, dass die Betroffenen ihre doch so gesunde Kost gar nicht mehr genießen können und dass sie nach und nach versuchen, ihre Umgebung zu missionieren (Mazhar 2004).

Gesundes Essen als Ersatzreligion

Ein anerkanntes System zur Diagnose der Orthorexie gibt es noch nicht, zumal die Grenzen zwischen einem bloß extrem gesundheitsbewussten Verhalten – das manche schon als eine Art Ersatzreligion ansehen – und einer tatsächlichen Essstörung mit Krankheitswert fließend sind.

Das hilft

Nur wenige Jugendliche mit Essstörungen wollen eine Therapie

Als besonders problematisch sehen Fachleute die Tatsache, dass Essstörungen in der Familie oft tabuisiert werden. Viele Eltern wollen nicht wahrhaben, dass das Essverhalten ihrer Tochter oder ihres Sohnes nicht normal ist, gerade dann, wenn sie selber dauernd von Figurproblemen reden und alle paar Wochen „auf Diät" sind. Aber auch die Betroffenen selbst sehen keinen Anlass zur Veränderung. Nur wenige Magersüchtige unterziehen sich freiwillig einer Therapie. Es kommt nicht selten vor, dass die Betroffenen künstlich ernährt werden müssen, um wieder Kraft zu gewinnen. Auch Bulimiker sind nur schwer zu einer Behandlung zu bewegen.

- Wenn Eltern bemerken, dass ihr Kind dramatisch an Gewicht verliert, dass Essen zu einem zentralen Thema und Streitpunkt wird oder andere Warnzeichen auftreten (siehe Kasten „Warnzeichen" ► Seite 87), so ist es am sinnvollsten, Kontakt zu einer auf Esstörungen spezialisierten Institution aufzunehmen. Dort können weitere Maßnahmen besprochen werden. In eine Therapie wird am besten die ganze Familie einbezogen. In vielen Städten gibt es auch Esstörungshotlines, wo man den ganzen Tag telefonische Erstberatung in Anspruch nehmen kann.
- Fest steht: Gutes Zureden allein ist nicht ausreichend. Zwangsmaßnahmen sind kontraproduktiv.

- Oft ist es am besten, wenn die Jugendlichen stationär aufgenommen werden, weil sich dort Ärzte, Psychotherapeuten und Diätexperten um sie kümmern und sie gemeinsam mit ebenfalls Betroffenen lernen, wieder ein zwangloses Verhältnis zum Essen zu entwickeln.
- Je früher die Behandlung in Angriff genommen wird, desto höher sind die Heilungschancen. Allerdings sollten sich alle Beteiligten mit Geduld wappnen: Die durchschnittliche Behandlungsdauer wird von Experten mit sechs Jahren angegeben.

Geduld ist nötig

Rund wie nie

Manchmal wird die Nahrungsaufnahme aber auch zu üppig. Laut letztem OECD-Bericht (2010) sind etwa zwölf Prozent der heimischen 11- bis 15-Jährigen übergewichtig bis adipös, vor allem die Buben sind betroffen. Ernährungsmediziner wie Kurt Widhalm von der Wiener Medizinischen Universität berichten von 13-Jährigen, die bereits mehr als 100 Kilo auf die Waage bringen. Die Tendenz zum Übergewicht scheint in allen Altersgruppen zu steigen, die Zahl der 15-jährigen übergewichtigen Knaben hat sich seit 2001 verdoppelt.

Die Ursachen sind vielfältig, liegen aber nur selten in den Genen. Vor allem die moderne Esskultur wird von den Ärzten bemängelt. Obwohl jeder Fernsehsender einmal pro Woche eine Kochshow im Programm hat und damit auch ansehnliche Zuschauerquoten erzielt; obwohl Köche neuerdings wie Superstars gefeiert werden und Kochbücher sich wie die warmen Semmeln verkaufen, wurde in den Familien noch nie so wenig frisch zubereitet wie heute. Kein Wunder. Die Regale der Supermärkte quellen über vor Fertig- und Halbfertigprodukten. Und die Werbung verspricht davon nicht nur Zeitersparnis, sondern auch noch gesunde Kost.

Gesunde Kost in Blechdosen?

Doch gesunde Zutaten finden sich in den Blechdosen und auf den Plastiktellern oft nur in homöopathischen Mengen. Immer wieder testen und bewerten Verbraucherschutzorganisationen Speisen und Getränke. Im Jahr 2008 etwa ermittelte der Verein für Konsumenteninformation (VKI) im Labor, wie viel Salz, Fett, gesättigte Fettsäuren und Zucker in pikanten Fertigprodukten wie Rindsgulasch oder Nasi Goreng stecken, und bewertete das Ergebnis nach dem Ampelschema der britischen Lebensmittelbehörde FSA (Food Standards Agency). Die Farbe Grün steht demnach jeweils für einen niedrigen, Gelb für einen mittleren und Rot für einen hohen Wert. Erkenntnis der Tester: Salz- und Zucker(!)-Gehalt sind zuweilen extrem hoch. Und der auf den Packungen der Fertiggerichte angeführte Kaloriengehalt ist teilweise sehr ungenau (► KONSUMENT 5/2008).

„Täuschung im Supermarkt"

Besonders hart geht Thilo Bode, Gründer der Verbraucherorganisation foodwatch, mit dem so genannten Functional Food ins Gericht, das auch bei Jugendlichen immer beliebter wird (Bode 2010). Jogurts, die die natürlichen Abwehrkräfte des Körpers steigern sollen, Schokoriegel mit der gesunden Portion Milch oder Bonbons, die wegen der enthaltenen Vitamine gesund für Kinder sein sollen – für Bode hat die „Täuschung im Supermarkt" System. Das Treiben der Nahrungsmittelkonzerne, das einzig und allein dem Vertrieb ihrer Produkte dient, grenzt für ihn an Körperverletzung.

Tatsächlich sind Kinder und Jugendliche eine attraktive Zielgruppe für die Nahrungsmittelproduzenten und deren Werbesprüche. Mehr noch als Erwachsene glauben sie, dass das, was ihnen da eingeredet wird, stimmt. Sie vom Gegenteil zu überzeugen und sie zu gesunder Kost zu bewegen, braucht einiges an Argumenten, denn die salzreichen Burger und Zucker- und Fettbomben aus den Kühlregalen schmecken verführerisch gut. Umgekehrt hat sich gezeigt, dass gezielte Einzelmaßnahmen helfen können, Übergewicht abzubauen. So haben an manchen amerikanischen Schulen die Schüler allein schon durch das Verbannen der Limonade-Automaten aus dem Pausenraum abgespeckt.

Das hilft

- Moderne Ansätze, das Übergewicht sowohl bei Kindern und Jugendlichen als auch bei Erwachsenen in den Griff zu bekommen, bestehen aus einer Kombination von vermehrter körperlicher Bewegung, dauerhafter Ernährungsumstellung und verhaltenstherapeutischen Ansätzen (Wabitsch et al. 2009).

- Kinder allein auf halbe Portionen zu setzen bringt wenig, denn wer gewohnt ist, ordentlich zuzulangen und mitunter auch seinen Frust mit einer Familienpackung Schokoriegel hinunterzuschlucken, wird sich auf die Dauer nicht vom Nutellabrot fernhalten können.
- Kontakt mit einer Ernährungsberaterin aufzunehmen und mit ihr gemeinsam einen Plan aufzustellen, der dann auch eingehalten wird, ist keine schlechte Idee: „Ein Programm zum Gewichtsmanagement sollte 2 Phasen beinhalten: zum ersten die Übergewichtsreduktion und zum zweiten die Stabilisierungsphase mit langfristiger Umstellung des Lebensstils mit Ernährungsumstellung und gesteigerter körperlicher Bewegung, die eine Erhaltung der Übergewichtsreduktion ermöglichen", heißt es in den aktuellen Leitlinien zur Behandlung von krankhaftem Übergewicht bei Kindern und Jugendlichen (Wabitsch et al. 2009).
- Ob allerdings Bootcamps und das Vorführen und Bloßstellen schwergewichtiger Teenager in Fernseh-Soaps Lust auf Kiloabbau machten, sei dahingestellt. Wichtig ist jedenfalls, so betonen die an der Erstellung der Leitlinie beteiligten Experten, dass die Familie motivierend und unterstützend mitwirkt.

Die Familie als Motivator

Spiegelbild des Schreckens

Fast jeder kommt dran, meist fängt es irgendwann zwischen 10 und 14 an. So wie bei Lea und Daniel, bei David, Lisi und Christoph. Eines Morgens sind sie da, die Mitesser und Pickel, die die Ärzte „Komedone", „Papeln" und „Pusteln" nennen. Hautärzte sind da sehr pingelig, sie sehen tatsächlich einen Unterschied in dem, was da auf der Haut blüht. Und den gibt es auch.

Für davon Betroffene sind die Bezeichnungen und die feine Differenzierung jedoch egal. Er oder sie sieht nur diese grässlichen, oft entzündetroten oder eitrig-gelblichen Knoten, die da an der Stirn, an den Wangen, am Dekolletee oder am Rücken sprießen, manchmal wehtun und immer das Selbstwertgefühl in den Keller rasseln lassen.

Pickel da – Selbstwertgefühl im Keller

In der Mehrzahl der Fälle ist diese Art von Ausschlag – medizinisch: Akne, wobei die Ärzte wieder etliche Unterarten kennen – eine typische Pubertätskrankheit. Die Betonung liegt auf „Krankheit", denn Akne, das sind nicht „bloß ein paar Wimmerl, die schon wieder vergehen, wenn du nicht drauf herumdrückst". Je früher der Gang zum Arzt erfolgt, desto besser, denn der Arzt oder die Ärztin kann am besten entscheiden, welches Mittel angebracht ist.

Geschlechtshormone fördern die Bildung von Talg

Dass die Pickel gerade mit der Geschlechtsreife zu wachsen beginnen, ist kein Zufall. Die Geschlechtshormone fördern die Bildung von Fett („Talg", „Sebum") in den Talgdrüsen, die sich in der oberen Hautschicht, nahe den Haarwurzeln befinden. Dieses Fett hat die Aufgabe, Haut und Haare geschmeidig zu erhalten. Es bildet zudem eine Art Schutzschicht für die Haut. Doch zuweilen wird es einfach zu viel.

Dazu kommt, dass sich in der Pubertät auch vermehrt Hornmaterial bildet: Hautzellen, die abgestorben sind und abfallen, ohne dass man es merkt. Diese Hautschüppchen verstopfen die Talgdrüsen und den Schaft, in dem die Körper- bzw. Kopfhaare sitzen – die ersten Mitesser entstehen. Die immer auf der Haut sitzenden Keime fühlen sich in dieser fettigen Umgebung besonders wohl und vermehren sich blitzschnell. So kann es zu eitrigen Entzündungen kommen.

Wie heftig sich die Krankheit bemerkbar macht, hängt von verschiedenen Faktoren ab. So scheint es eine genetische Veranlagung zu geben: Haben die Eltern selbst stark an Akne gelitten, ist die Wahrscheinlichkeit hoch, dass auch die Kinder von Pusteln übersät sein werden. Auch hat sich in epidemiologischen Studien gezeigt, dass Kinder, bei denen sich die ersten Pickel schon sehr früh zeigen (mit neun oder zehn Jahren), besonders starke Akne entwickeln.

Vom Pickelproblem zum Problempickel

Großer Leidensdruck

Tatsache ist, dass auch die Gemütslage einen Einfluss auf die Akne hat. Und umgekehrt. So kann der Blick in den Spiegel die Heranwachsenden schier zur Verzweiflung bringen. Oft werden sie noch dazu von Kumpels, Freundinnen, aber auch von wenig einfühlsamen Tanten oder Vätern gehänselt. Wen das kalt lässt, der ist mit einer äußerst starken Psyche gesegnet. Bei rund 13 Prozent der Akne-Patienten ist das ganz und gar nicht der Fall, sie werden regelrecht depressiv. Ungefähr ebenso viele entwickeln Angststörungen. Dass der Leidensdruck groß ist, zeigt der Umstand, dass laut einer amerikanischen Studie Jugendliche mit Akne bereit sind, für die Besserung der Symptome täglich vier Dollar auszugeben (Tschachler 2006).

Umgekehrt verschlechtert psychische Anspannung den Hautzustand. Zwar ist der Mechanismus noch nicht ganz geklärt, doch ein Zusammenhang mit dem Stresshormon Cortisol wird angenommen. Jedenfalls machen Prüfungen, Liebeskummer oder Krach mit den Eltern die Sache schlimmer. Nicht nur deshalb ist im Umgang mit Teenagern ein gewisses Fingerspitzengefühl gefragt. „'Ich zeige mich der Welt – wie werde ich in dieser wahrgenommen?' Das ist das Thema, das die jungen Menschen in diesem Lebensabschnitt bewegt", sagt die Linzer Dermatologin und Fachärztin für psychosomatische Medizin Renate Simma (2007). Sind sie durch verschiedene negative Erlebnisse stark verunsichert, kann sie ein einziger Pickel total aus der Bahn werfen. Und dieser neue Stress verursacht noch mehr Pustel. „Vorhandene Stärken und Fähigkeiten werden kaum mehr wahrgenommen", sagt Simma, alles kreist nur mehr um den entstellenden Ausschlag. So entsteht ein Teufelskreis, aus dem der Jugendliche aus eigener Kraft nur schwer herauskommt. Simma rät dann, abgesehen von einer medizinischen Behandlung, zu einer psychosomatisch orientierten Gesprächstherapie.

Stress macht die Sache schlimmer

Die Jungmädchenkrankheit

Manchmal ist das Kratzen an Hautunreinheiten das eigentliche Problem. Bei der, wie Ärzte es nennen, „Acne excoriée des Jeunes Filles" kratzen, drücken oder stechen die Betroffenen ohne Ende an den kleinsten Hautunreinheiten herum, bis diese tatsächlich zu entzündeten Pusteln werden. Übersetzt bedeutet der Krankheitsname „Hautabschürfungs-Akne junger Mädchen", da hauptsächlich weibliche Teenager davon betroffen sind. Die Verletzungen an der Haut sind dabei nur die Symptome. Die eigentliche Krankheit sitzt viel tiefer. Da es sich dabei nicht bloß um eine dumme Angewohnheit handelt, die man einfach ablegen kann, sondern um eine autoaggressive Zwangsstörung, ist Unterstützung durch einen Psychotherapeuten angeraten.

Foto: shutterstock/Christo

Hände weg und Rauchen einstellen

Aber nicht nur Stress trägt zu einer Verschlechterung des Hautbildes bei. Vor allem warnen die Hautärzte davor, an den Pickeln herumzukratzen oder zu -drücken. Nicht nur, dass von diesen kleinen Verletzungen Narben zurückbleiben. Durch die Manipulation können Keime, vor allem Bakterien tiefer in die Haut eindringen und zu mitunter großflächigen Infektionen und Entzündungen führen. Viele Ärzte meinen auch, dass bei psychischem Stress nicht so sehr das Cortisol die Schuld an der Verschlimmerung hat, als vielmehr das nervöse Herumgefummle im Gesicht. Wie dem auch sei: Es ist jedenfalls sinnvoll, den Pickelgeplagten den Zusammenhang zu erklären und sie nicht einfach mit „Finger weg!" anzuherrschen.

Vom Drücken-verboten-Prinzip gibt es nur eine einzige Ausnahme, die so genannte Akne-Toilette. Dabei werden die so genannten Komedonen nach einem hauterweichenden Dampfbad fachmännisch entleert. Die Akne-Toilette sollte jedoch nur vom Arzt oder einer erfahrenen Kosmetikerin durchgeführt werden, um eine falsche Technik und damit einhergehende entzündliche Gewebereaktionen zu vermeiden (Altmeyer 2005).

Akne-Toilette nur von Fachleuten

Ebenfalls ungünstig ist Sonnenbaden, auch wenn es anfänglich den Anschein hat, als wären die Unreinheiten auf gebräunter Haut weniger sichtbar. Nach ein paar Tagen sprießen sie umso heftiger. Es gibt sogar eine besondere Art der Akne, die nur von Sonnenlicht hervorgerufen wird, die sogenannte Mallorca-Akne (siehe Kasten ► Seite 95). Auch gewisse Kosmetika oder Haarwachs können die Entstehung von Akne begünstigen. Das Gleiche gilt für Zigarettenrauchen.

Milch begünstigt Akne

Dass Schokolade der Haut schadet, wird von Hautärzten nach wie vor ins Reich der Mythologie verwiesen. Gezeigt hat sich jedoch, dass Milch und Milchprodukte in einem gewissen Zusammenhang mit der Entstehung von Akne stehen. Jedenfalls sind unter den Akne-Patienten auffällig viele Milchtrinker. An der Hautklinik der Medizinischen Universität Wien läuft dazu eine Langzeitstudie, mit deren Hilfe man den genauen Zusammenhang klären will.

Herausgestellt hat sich auch, dass übergewichtige Mädchen öfter Akne entwickeln als ihre normalgewichtigen Kommilitoninnen. „Bisher wurden die Zusammenhänge zwischen Ernährung und Akne negiert",

Wie die Akne nach Mallorca kam

Bei dieser Krankheit stimmt eigentlich nichts: Weder hat sie etwas mit Mallorca zu tun, noch ist sie im strengen Sinn Akne. Das erste Mal fiel sie in den 1960er Jahren bei jungen Mädchen auf, die sich gern in der Sonne räkelten. Sie entwickelten akneähnliche Hauterscheinungen an den Schultern, am Dekolletee, am Hals und an den Oberarmen, nicht aber im Gesicht. Anders als bei der gewöhnlichen Akne sind die Poren nicht verstopft, es entstehen auch keine Mitesser. Aber so genau wollen es nur die Ärzte wissen. Bis heute kann nur gesagt werden, dass die UV-Strahlen Auslöser eines Entzündungsprozesses sind. Und nicht einmal das weiß man mit Sicherheit. Auch scheint der Fettgehalt von Sonnenschutzmitteln Einfluss auf die Entstehung der Mallorca-Akne zu haben: je mehr Fett in der Creme, desto mehr Pusteln. Was hilft? Wenig Sonne und fettfreie Sonnenschutzmittel (Lindemeyer 2007).

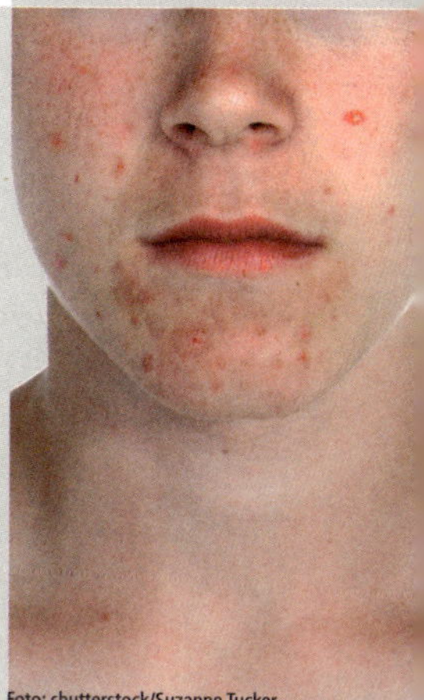

Foto: shutterstock/Suzanne Tucker

Neue Erkenntnisse in der Akne-Forschung

sagt Jolanta Schmidt, Leiterin der Akne-Ambulanz am Wiener Allgemeinen Krankenhaus, „diese Ansicht muss nach neuen Erkenntnissen korrigiert werden." Halten die übergewichtigen Kinder Diät und nehmen ab, so bessert sich auch die Akne (Niebauer 2009). Erst unlängst ergab eine umfangreiche US-amerikanische Studie, dass vor allem Nahrungsmittel mit einem hohen Anteil an Kohlenhydraten Akne entstehen lassen oder verschlimmern können. Besonders bei Speisen, die den Zuckergehalt im Blut rasch in die Höhe treiben, wurden solche Effekte beobachtet; das sind beispielsweise Lebensmittel mit Weißmehl wie Pizza und Kuchen, aber auch Obstsorten mit einem hohen Zuckeranteil. Essiggurken und scharfe Gewürze sind nach heutigem Stand der Wissenschaft jedoch keine Akne-Verursacher (Niebauer 2010). Vielleicht veranlassen diese Erkenntnisse Teenager zu einer etwas gesünderen Lebensweise.

In Drogeriemärkten und Apotheken gibt es rezeptfrei jede Menge Mittelchen gegen unreine Haut und Pickel zu kaufen. Sie können im Einzelfall eine gewisse Wirkung erzielen, einen wissenschaftlichen Nachweis ihres Nutzens gibt es allerdings nicht. Produkte, die Schwefel enthalten, können die Mitesser sogar erst so richtig zum Sprießen bringen. Bei pflanzlichen Mitteln ist immer zu bedenken, dass sie gar nicht so selten Unverträglichkeitsreaktionen und bei entsprechend veranlagten Jugendlichen Allergien hervorrufen können.

Das hilft

Konsequente Reinigung und Pflege

Zwar gehört die Behauptung, dass Akne nur Menschen bekommen, die sich nicht ordentlich waschen, zu den vielen Legenden, die sich um die Pusteln ranken. Doch Hautreinigung und -pflege ist gerade bei Hautkrankheiten wichtig. Gereinigt werden sollte am besten mit Reinigungsmilch, seifenfreien Lotionen oder medizinischen Seifen, die die Haut nicht reizen. Das gilt vor allem dann, wenn die Behandlung mit einer medizinischen Salbe oder Creme notwendig ist, die die Haut irritiert. Zur Hautpflege eignen sich Feuchtigkeitscremes mit geringem Fettgehalt. Auch Make-up und Sonnenschutzmittel sollten nur wenig Fett enthalten.

In rund 20 Prozent der Fälle ist eine medizinische Therapie notwendig. Da der Laie kaum feststellen kann, ob er zu den 80 Prozent gehört, die mit gewissenhafter Hautpflege auskommen, ist es auf jeden Fall günstig, zum Hautarzt zu gehen und ihn die Sache einmal inspizieren zu lassen. Meist reicht eine äußerliche Behandlung. Die Mittel muss der Arzt verschreiben:

- Benzoylperoxid verringert die Talgproduktion und weicht die Verhornungen auf, sodass der übermäßige Talg abfließen kann. Die Wirkung setzt erst nach zwei Wochen ein, und zu Anfang sind nur die Nebenwirkungen zu spüren und zu sehen: Die Haut wird rot, brennt und schuppt, weshalb eine nicht fettende Pflegecreme als Begleitmaßnahme sinnvoll ist. Achtung: Wäsche, die mit Benzoylperoxid in Berührung kommt, bleicht aus. In dieser Zeit also besser weiße Kissenbezüge nehmen und bei einer Behandlung des Rückens das quietschrosa Lieblings-T-Shirt im Schrank lassen.
- Eine gleichzeitige lokale Behandlung mit Antibiotika kann nützlich sein, eine alleinige Antibiotika-Therapie ist es nicht. Jedenfalls ist es wichtig, dass sich der Akne-Patient an die vereinbarte Dosierung und Behandlungsdauer hält, weil es sonst zu Antibiotika-Resistenzen kommen kann. Das bedeutet, dass bei einer Infektion bakterientötende Mittel unwirksam sind. Hie und da ein wachsamer mütterlicher Blick und ein aufmunterndes väterliches Wort sind sicher hilfreich.
- Retinoide (für Chemiker: Abkömmlinge der Vitamin-A-Säure) verhindern wie Benzoylperoxid die Bildung von übermäßigem

Talg und erweichen Verhornungen. Auch Renitoide irritieren die Haut zu Anfang sehr, warum Hautärzte empfehlen, Salben und Cremes mit Retinoiden zu Beginn der Therapie nur jeden zweiten Tag anzuwenden. Retinoide können in schweren Fällen auch als Kapseln zum Schlucken verabreicht werden (dann heißen sie Isotretinoin) und haben in beiden Fällen noch andere Nebenwirkungen: Sie machen die Haut extrem empfindlich gegen Sonnenlicht, Sonnenbäder sind deshalb tabu. Und sie können zu Missbildungen bei Ungeborenen führen. Mädchen und junge Frauen, die damit behandelt werden, müssen also unbedingt für Schwangerschaftsverhütung sorgen, und zwar noch bis zu drei Monaten nach Therapieende. In Europa wurde dazu ein eigenes Schwangerschaftsverhütungsprogramm erstellt (das Isotretinoin Pregnancy Prevention Programme, PPP), das allerdings nicht so rigoros reguliert wird wie jenes in den USA, wo mittels eines elektronisch gesteuerten Registers die Ausgabe der Substanzen dokumentiert wird (Niebauer 2009). Isotretinoin steht überdies im Verdacht, Depressionen bis hin zu Selbstmordgedanken auszulösen. Erwiesen ist das nicht, aber auch der Beweis des Gegenteils steht noch aus.

Effektvoll, aber mit starken Nebenwirkungen

Unliebsame Erinnerungen

Meist ist der Pustel-Spuk spätestens um den 20. Geburtstag vorbei. Doch in manchen Fällen können Narben zurückbleiben. Vor allem, wenn die Akne besonders stark ausgeprägt war oder unzureichend behandelt wurde, sind regelrechte Krater in der Haut zu sehen. Konnte man dagegen früher nicht viel tun, gibt es jetzt Möglichkeiten, die sichtbare Erinnerung an die Pubertäts-Krankheit wenn schon nicht ganz auszulöschen, so doch abzumildern. So gibt es verschiedene Arten des chemischen Peelings, bei dem die oberste Hautschicht mit chemischen Substanzen entfernt wird; die sogenannte Dermabrasion, bei der die Haut mechanisch abgeschmirgelt wird; und das Verdampfen mithilfe von Lasergeräten. Für alle Methoden ist es wichtig, sich an Spezialisten zu wenden und vor Behandlungsbeginn Zweitmeinungen einzuholen.

Krater in der Haut

Wie sag ich's meinem Kinde?

Die Oma war eigentlich am meisten zu bemitleiden bei der ganzen Sache. Sie wohnte bei Julian und Marcus, als die Eltern eine Woche segeln waren. „Damit halt wer da ist, der notfalls die Feuerwehr rufen kann", erläutert die Mutter die Beweggründe, obwohl die beiden keine Kinder mehr waren und wahrscheinlich auch allein über die Runden gekommen wären. Die Feuerwehr musste nicht ausrücken, bloß ein paar Nerventropfen waren für die Oma notwendig. Denn eines Morgens huschte aus dem Zimmer des damals 16-jährigen Julian ein fremdes, spärlich bekleidetes Mädchen.

Freund und Freundin bleiben über Nacht

„Das hat sich tatsächlich am meisten verändert im Vergleich zu früheren Generationen", sagt die Soziologin und Sexualpädagogin Sabine Ziegelwanger, „die Familiarisierung der Jugendsexualität." Was so viel heißt wie: Der Freund der Tochter, die Freundin des Sohnes bleibt über Nacht. Die Eltern sagen nichts. Zumindest kommt kein kategorisches Nein, und sie versuchen sich daran zu gewöhnen. Denn wie sagte die Mutter einer 15-Jährigen: „Ich dachte immer, ich bin eine tolerante Mutter. Aber unlängst stand da ein fremder junger Mann in der Früh in meinem Badezimmer. Da wusste ich, mit meiner Toleranz ist es nicht weit her."

Sex als öffentliches Thema

Freilich: Die Zeit der Prüderie ist vorbei. Seit Alfred Kinsey in den 1950er Jahren vom Entologen zum Sexologen mutierte und nicht nur Amerika mit seinem Report über das Sexualverhalten seiner Landsleute schockte, ist das Thema Sex öffentlich geworden. Im deutschen Sprachraum tat es ihm der Autor Günther Hunold mit seinem „Schulmädchenreport" gleich, der – in insgesamt 13 Teilen – bis in die 1980er Jahre auch im Kino zu sehen war und zum erfolgreichsten deutschen Kinoprodukt aller Zeiten wurde. Gleichzeitig betätigte sich der vor kurzem verstorbene Journalist Oswalt Kolle mit zahlreichen Filmen als Aufklärer der Nation. Aus der Terra incognita Sexualität wurde allgegenwärtiger Sex. Zwar ist die Annahme der Achtundsechziger, dass freie Liebe freie Menschen und eine freie Gesellschaft produziert, nicht Realität geworden. Doch ob Bier- oder Autowerbung – ohne ein barbusiges Mädchen scheint die Botschaft heutzutage nicht rüberzubringen zu sein. Da die Erwachsenen freizügiger wurden und die Anzeichen geschlechtlicher Reife bei ihren Kindern früher zu bemerken sind, als es bei ihnen der Fall war, sitzen sie einem Trugschluss auf. Sie sind – mit bildreicher Unterstützung der bunten Medien – der Überzeugung, die jungen Leute treiben es heute schon mit elf, zwölf Jahren.

Bilder im Kopf

Einschlägige Befragungen liefern ein anderes Ergebnis zutage. Keine Frage: Mit Beginn der Pubertät wird das andere Geschlecht interessant. Haben sich bisher Mädchen und Buben in der Klasse ignoriert, nähern sie sich einander plötzlich an und sind einander ganz und gar nicht egal. Mädchen erproben den Hüftschwung und den Augenaufschlag. Buben kribbelt's im Bauch, wenn sie die schöne Schwarzhaarige aus der Nebenklasse sehen. „Wenn sich ein Mädchen zu schminken anfängt, weiß ich: Sie ist in der Pubertät", sagt die Lehrerin Grete aus langjähriger Erfahrung. Das kommt zwar heute schon in der fünften, sechsten Schulstufe vor, und Eltern merken das nicht zuletzt an der immer längeren Verweildauer ihrer Tochter im Badezimmer. Doch so aufreizend die jungen Mädchen zuweilen auch daherkommen mögen – von sexuellen Erfahrungen sind sie weit entfernt. Und auch „den Buben darf man nicht alles glauben, womit die so herumprahlen", sagt Grete.

Augenaufschlag und Hüftschwung

Die deutsche Bundeszentrale für gesundheitliche Aufklärung BZgA hat in ihrer jüngsten Befragung zur Jugendsexualität herausgefunden, dass die meisten Heranwachsenden ihren ersten Geschlechtsverkehr zwischen 15 und 16 haben, an die 30 Prozent haben mit 17 noch keinen Sex gehabt (Heßling 2010). Das gilt für Mädchen wie für Burschen ungefähr gleich. Und: In mehr als 90 Prozent sind die beiden beim ersten Sex fest befreundet oder gut bekannt. Auch die Zahl der Teenagerschwangerschaften ist nicht gestiegen. Im Gegenteil: Sie ist seit 2001 konstant rückläufig. Laut Statistik Austria (2010) hatten im Jahr 2009 drei Prozent der Neugeborenen eine Mutter, die jünger als 20 Jahre war, 14 unter 15-Jährige wurden Mutter. Das ist wenig im internationalen Vergleich.

Wenig Teenagerschwangerschaften

Allerdings, und das mag mit ein Grund sein, warum die Heranwachsenden heute oft mit dem Etikett der sexuell verwahrlosten „Generation Geil" belegt werden, ihre Sprache ist gespickt mit Sex- und Vulgärvokabeln. „Homo", „schwul" und „Schlampe" kommen ihnen als

Schimpfwörter ebenso leicht über die Lippen wie „ficken", „Fotze" und „Gangbang", wenngleich sie auch nicht immer genau wissen, was sie da so daherreden. Erforscher der Jugendkultur vermuten die Ursache für das Sexgequatsche im durch das Internet leichter gewordenen Zugang zu Pornographie. Seiten wie YouPorn sind allgemein zugänglich. Nur wenige Eltern wissen, mit welchen Einstellungen am Computer dergleichen Websites gesperrt werden können. Und selbst wenn – PCs gibt es heute in jedem Haushalt, und was zu Hause der elterlichen Zensur zum Opfer gefallen ist, lässt sich anderswo ansehen.

Pornovideos anzusehen ist selbstverständlich

„Der Konsum von pornographischen Bildern oder Videos ist für die Jugendlichen eine Selbstverständlichkeit", sagt Michael Schaefberger (2010) vom Institut für Jugendkulturforschung. Das Einstiegsalter wird immer jünger, der erste Kontakt erfolgt im Schnitt mit zwölf Jahren, wobei die Kernzielgruppe der Pornographie weiterhin männlich dominiert bleibt. „Die haben mehrheitlich auch kein Problem damit, die Nutzung zuzugeben […]. Pornoseiten sind genauso offline ein Thema, es werden Empfehlungen gegeben, Links ausgetauscht oder gemeinsam vor dem PC Seiten verglichen."

Durch diese Inhalte werden aber auch ganz bestimmte Bilder von Sexualität vermittelt, es entstehen Skripts im Kopf der Heranwachsenden, wie Soziologen das nennen, bestimmte Muster, die die jungen Leute als gegeben hinnehmen (siehe Interview mit Sabine Ziegelwanger und Clemens Hammer ► Seite 101) und die sie glauben nachspielen zu müssen: Frauen sind immer verfügbar und willig; Oral- und Analsex sind ein Muss; ebenso wie die Totalrasur im Intimbereich.

Das kann, im Speziellen vor dem ersten Mal, ganz schön verunsichern. „Im Nachhinein denke ich, dass mich die ganze sexuelle Schiene total überfordert hat", gesteht der 15-jährige Leon, einer der 20 Jugendlichen, welche die selbst erst 16-jährige Katharina Weiß für ihr Buch „Generation Geil" (2010) interviewt hat. Zwar hat Leon bis zum Zeitpunkt des Interviews noch keinen Geschlechtsverkehr gehabt, doch „schon nach zwei Wochen Beziehung hatten wir Oralsex, und da waren wir 14. Vielleicht ging auch deshalb der Reiz für mich so schnell verloren. Obwohl sich gar nicht mehr sagen lässt, von wem damals der Impuls dazu ausging. Vielleicht dachte jeder, der andere will es so. Und wir waren zu jung, um mal Klartext zu reden."

Jeder denkt vom anderen, er will das so

„Im Bett läuft es sehr traditionell ab"

Seit 2003 ziehen die Sexualpädagogen Sabine Ziegelwanger und Clemens Hammer der Österreichischen Gesellschaft für Familienplanung ÖGF durch Wiener und niederösterreichische Schulen und Jugendzentren, um 13- bis 16-Jährige über Liebe, Sex, Verhütung und alles, was damit zusammenhängt, aufzuklären. Im Interview sprechen sie über Mythen und falsche Vorstellungen, die Leistungsanforderungen beim Sex und Handlungsanleitungen im Notfall.

Interview mit S. Ziegelwanger und C. Hammer

Generation Geil, Generation Porno, Deutschlands sexuelle Tragödie – sind die Jugendlichen heute wirklich so viel anders, als ihre Eltern waren?

Clemens Hammer: Eine wesentliche Änderung ist das Internet. Der Zugang zu unglaublich vielen Informationen, seien sie gut oder schlecht, und die Social Networks. Auch wo sich Jugendliche treffen, dass alle ein Handy haben, dass viel mit SMS kommuniziert wird oder über Facebook, das hat es früher nicht gegeben. Dadurch ist der Zugang zu Pornografie und zu anderen Bildern viel leichter geworden.

Foto: Ziegelwanger

Sabine Ziegelwanger: Auch die Medialisierung der Jugendsexualität hat sich verändert. Früher wurde das in Filmen wie „Eis am Stiel" dargestellt. Jetzt gibt es viel mehr Skripts, die den Jugendlichen, bevor sie noch ihre ersten sexuellen Erfahrungen machen, zur Verfügung stehen und ganz konkrete Schablonen anbieten, wie Sexualität abläuft.

Eifern die Jugendlichen dann diesen Skripts nach?

Hammer: Die realen Erfahrungen korrigieren dann schon einiges. Was sich sehr verändert hat, sind Schönheitsideale. Nicht nur wie früher auf ein bestimmtes Aussehen oder die Mode bezogen, sondern auch auf die Geschlechtsorgane und auf den Intimbereich. Etwa wie jemand rasiert sein muss. Das ist heute eine Leistungsanforderung. Ich habe überhaupt den Eindruck, dass sowohl die Mädchen als auch die Burschen diesen Leistungsdruck haben – zu funktionieren oder einer Norm zu entsprechen.

Foto: Hammer

Ziegelwanger: Dazu kommt die Sprachlosigkeit. Die Medialisierung der Sexualität, überhaupt die Sexualisierung der Gesellschaft, die betrifft ja nicht nur Jugendliche – man muss sich ja klar sein, dass genauso Erwachsene davon betroffen sind –, täuscht darüber hinweg, dass über die tatsächlich gelebte Sexualität selten auf natürliche Art und Weise kommuniziert wird. Deshalb machen wir Medienmanagement, rücken Mythen zurecht, bringen die Gefühlsebene rein. Die Jugendlichen freuen sich, dass jemand kommt, der offen und ehrlich das Thema mit ihnen besprechbar macht. Da denkt man sich oft: Das gibt es nicht. An jeder Ecke knallt einem das Thema entgegen mit 170 Ratgebern, aber das zu besprechen, da hat sich bei aller Aufklärung nicht viel verändert.

Überall Sex – und keiner kann darüber reden

Kann man als Mutter oder Vater das Thema Sex überhaupt mit den Kindern besprechen? Oder ist man da nicht von vornherein peinlich?

Hammer: Wenn sie einmal in der Pubertät sind, ist dieses berühmte Aufklärungsgespräch gar nicht mehr so erwünscht, weil die Heranwachsenden in einem Ablösungsprozess sind. Und da zählt vor allem die Peergroup und das, was es an Mythen in ihrem sozialen Umkreis gibt. Dem können sie sich nicht gut entziehen. Selbst wenn man wahnsinnig tolerante Eltern hat, die einem in gutem Glauben etwas näherbringen wollen, gibt es die anderen Einflussfaktoren, nämlich: Was sagen die Freundinnen? Was hat man da gehört, was hat man da gelesen?

Ziegelwanger: Aber nichtsdestotrotz können Eltern jeden Anlass nutzen, um über das Thema Sexualität zu sprechen. Sexualität ist ja nicht nur Geschlechtsverkehr, da gehören ganz viele verschiedene Aspekte dazu. Egal ob bei „Helden von morgen", „Autria's next Topmodel" bis zu „American Pie 4" und „Der Nachbar hat eine neue Freundin", da kann man über alles diskutieren – alles das ist Sexualerziehung.

Was bedeutet Mannsein und Frausein?

Hammer: Zur Sozialisation gehört ja noch viel mehr: Was bedeutet es, ein Mann zu sein, eine Frau zu sein? Gehöre ich dazu, bekomme ich die Anerkennung? Das ist ja eigentlich ein lebenslanger Prozess und fängt schon sehr früh an. Da sind die Eltern ganz wichtige Rollenmodelle: Wie leben sie Partnerschaft? Leben sie überhaupt Partnerschaft? Wie gehen sie mit Gefühlen um, mit Körperlichkeit, mit Nacktheit? Und wie gehen sie vor allem auf Fragen ein? Weil schon kleine Kinder zum Thema Sexualität Fragen haben, oft recht biologisch: Wie wird man schwanger, wie ist das mit den Babys? Aber da tun sich manche Eltern einfach noch schwer.

Ziegelwanger: Es ist viel Angst da, man schreibt der Sexualität viel Macht zu. Und das führt dazu, dass nach wie vor sehr viel mystifiziert wird. Das erfahren wir vor allem bei kleinen Mädels, wo Eltern es nicht schaffen, die Geschlechtsorgane zu benennen. Aber das wäre wichtig. Wir sind immer wieder überrascht, dass Mädchen keine Begriffe haben: „Da unten" heißt es dann. Klitoris oder Kitzler, das kennen sie nicht. Dabei wissen wir aus der Prävention sexueller Gewalt, dass es ganz wichtig ist, einen natürlichen Zugang zur Geschlechtlichkeit zu haben, Wörter zu haben, um Körperteile benennen zu können und auch zum eigenen Körper einen Zugang zu bekommen, ein Selbstbewusstsein zu entwickeln. Da sind die Eltern sehr wohl gefordert, ihre Kinder, vor allem Mädchen, positiv zu unterstützen.

Sexualität wird mystifiziert

Bedeutet das, dass die sexuelle Revolution gar nicht den natürlichen Umgang mit der Sexualität gebracht hat und Eltern heute ihre Kinder genauso verklemmt erziehen, wie sie selbst erzogen worden sind?

Hammer: Gebracht hat das sicher etwas, vor allem im Geschlechterverhältnis und in der Emanzipationsbewegung. In dieser Generation muss der Zwiespalt überbrückt werden zwischen: Einerseits ist alles frei, andererseits braucht es Orientierung. Das ist eine der größten Leistungen von Jugendlichen, dass sie ihren eigenen Weg finden müssen, weil die klassischen Rollenvorgaben gar nicht mehr vorhanden zu sein scheinen. De facto wirken aber, gerade was Geschlechtlichkeit betrifft, noch immer diese uralten, tradierten Rollen mit. Was sich zum Beispiel verändert hat, ist, dass ein Mädchen sich sehr wohl zu einem Burschen hintrauen und ihn anquatschen kann. Die müssen nicht mehr so wie früher warten, ob er jetzt den ersten Schritt tut. Im Sexualverhalten selbst ist aber noch immer der Auftrag an die Burschen, dass sie initiativ werden und verführen.

Die alten Rollenvorstellungen wirken mit

Ziegelwanger: Viele Mädchen haben auch noch immer die Vorstellung, dass der Mann für die sexuelle Erfüllung der Frau zuständig ist. Was das soziale Geschlecht anlangt, da sind die Möglichkeitsräume zwischen Burschen und Mädchen schon ähnlich. Aber wenn man ins Bett hineinschaut, läuft es sehr traditionell ab. Was das Erforschen der eigenen Lust betrifft, hat bei den Mädchen keine große Emanzipation stattgefunden. Das hat meines Erachtens auch mit der fehlenden Kommunikation in Familien zu tun. Wenn kleine Mädchen genauso wie kleine Buben diese Zeigelust haben, so mit drei, vier Jahren, geraten Eltern bei Mädchen schnell in Panik, da könnte etwas nicht in Ordnung sein. Bei Buben wird das belächelt. Dieses natürliche Erkunden wird eher bei Mädchen unterbunden. Aber ich glaube, gerade das trägt maßgeblich dazu bei, dass Mädchen lustvoll ihre Sexualität ergründen. Deshalb kommen Frauen erst ab 20 aufwärts in ihre leidenschaftliche Sexualität hinein, weil sie dann ihrer selbst sicher sind und sich trauen, sich mit sich selbst auseinanderzusetzen. Burschen sind da schon früher dran.

Eltern geraten schnell in Panik

Leiden die Mädchen darunter, dass sie nicht ausbrechen können?
Ziegelwanger: Ja und Nein. Bis zu einem gewissen Grad ist es ihnen gar nicht bewusst. Leiden tun sie dann, wenn dieses „Schlampe"-Thema auftaucht. Dann sagen sie: Das ist so unfair, wenn Mädchen ein bisschen ausprobieren wollen oder drüber reden, dass sie gleich als Schlampen abgestempelt werden. Bei den Burschen ist das nicht so. Viele sagen dann: Das ist ja Spaß. Aber trotzdem schwingt etwas mit, was man unbewusst als Mädchen mitnimmt und sich denkt: Irgendwie sollte ich mich doch in einer ganz bestimmten Weise verhalten.

Hammer: Ich empfinde das oft so, dass die Mädels einander niederdrücken. Es gibt einige liberalere Schulen, wo sie sich individuell zeigen können – ich rede jetzt nur von der Aufmachung –, aber in den meisten Klassen wird ein ganz bestimmter Modetyp verlangt. Und wenn eine ein bisschen mehr Haut zeigt, ist sie gleich eine Schlampe. Unabhängig von dem eigentlichen Verhalten, weil das kann man sowieso nicht überprüfen.

Wer zu viel Haut zeigt, ist eine Schlampe

Wie entsteht denn der Irrglaube, die Heranwachsenden hätten heute schon alle mit 12, 13 Jahren Sex?
Hammer: Ich glaube, durch die Medien. Da liest man immer wieder: „12-Jährige schwanger!", „13-Jähriger Vater geworden!" und dann gibt es bestimmte Fernsehformate, die scheinbar verwahrloste Jugendliche zeigen, die sich alle furchtbar aufführen. Das ist das,

was Jugendliche sehen und als Postulat aufnehmen, was sie auch sehr oft von Erwachsenen hören. Aber von Statistiken wissen wir, dass sich in den letzten 10, 15 Jahren nicht viel im Sexualverhalten, vor allem im Eintrittsalter, verändert hat. Die 50-Prozent-Marke liegt noch immer zwischen 16 und 17. Das heißt, zwischen 16 und 17 hat die Hälfte der Jugendlichen ihre erste sexuelle Erfahrung hinter sich, die anderen haben sie vor sich. Aber wenn die 13-, 14-Jährigen immer wieder hören, 80 Prozent in ihrem Alter hätten schon Sex gehabt, dann macht das auch einen wahnsinnigen Druck. Und da ist mitunter die Botschaft, genau das aufzuzeigen, damit die, die noch keine sexuellen Erfahrungen haben und die auch noch gar keine Lust dazu haben oder auch noch nie verliebt waren, das Gefühl bekommen, sie sind ohnehin normal.

Die Informationen zurechtrücken

Ziegelwanger: Es geht auch darum, die emotionale Ebene hineinzubringen. Durch die Medien wird oft transportiert: Wenn man einen Freund hat, gehört Sex dazu, und dazu gehört diese und jene sexuelle Praktik usw. Da zweifeln sie dann: Ich bin zwar verliebt und ich küsse meinen Freund auch gern, aber ein Penis, das ist etwas, da graust mir vielleicht noch davor – ist das normal? Da muss man sie dann beruhigen: Leute, ihr seid in der Pubertät. Ihr kommt gerade erst drauf, dass ihr einen Körpergeruch entwickelt, der euch selbst zuerst einmal überrascht und verunsichert. Dass ihr einen Intimgeruch entwickelt, vielleicht Wimmerl bekommt. Da muss man ihnen den Druck nehmen, was sie alles gut finden sollten. Dass es zum Beispiel normal ist, mit 14, 15 Oralsex nicht unbedingt geil zu finden. Oder dass man einen Freund haben und schmusen und streicheln kann, aber trotzdem noch nicht gleich das ganze Programm durchziehen muss. Aber aufgrund der vielen Skripts, die sie im Kopf haben, ist schon mehr Druck da, was sie in einer Beziehung zu bringen haben, als vor 20 Jahren.

Inwieweit gehen denn heute Liebe und Sexualität zusammen?
Hammer: Ganz stark. Man spricht ja auch im Sexuellen von einer Geschlechterangleichung. Das heißt, der oberste Jugendwert sowohl bei Mädchen als auch bei Burschen ist die Treue. Eine Liebesbeziehung, die Vorstellung von romantischer Liebe und ewiger Liebe. Die meisten sexuellen Erfahrungen passieren in einer Partnerschaft.

Treue als wichtigster Wert

Woran liegt das?

Ziegelwanger: Man kann sagen, die Jugend rebelliert gegen die Elterngeneration. Die Scheidungsrate liegt heute bei fast 50 Prozent. Man kann auch sagen, die Jugend reagiert auf die Übersexualisierung mit einer konservativeren Einstellung.

Was wissen die Jugendlichen über das Thema Verhütung?

Hammer: Sie wissen, es gibt ein Kondom und es gibt die Pille. Sogar auch zu einem großen Teil, wie man das anwendet. Aber bei hormonellen Verhütungsmitteln ist oft nicht klar, was das mit dem Körper macht. Das führt dazu, dass sie zum Teil recht wahllos mit den Mitteln umgehen. Das funktioniert dann so, dass die Mädchen vor dem Geschlechtsverkehr eine Pille nehmen wie eine Kopfwehtablette. Weil das zugrunde liegende Verständnis für den eigenen Zyklus und für den Körper fehlt.

Das Verständnis für den Körper fehlt

Ziegelwanger: Dabei sind das ja gerade noch jene Themen, über die man leicht sprechen kann, weil sie biologisch abhandelbar sind. Aber was wir auch bei Gynäkologinnen oder Biologielehrerinnen beobachten, ist: Die Sache ist so komplex, dass sich die Jugendlichen nach all den Erklärungen überhaupt nicht mehr auskennen. Man müsste ihnen in ihrer Sprache mit ihren Bildern verständlich machen, wie der weibliche Zyklus funktioniert. Aber da müsste man das Biologiebuch umschreiben.

Hammer: Es braucht dann auch die Wiederholung der Wiederholung der Wiederholung. Die Sache mit dem Zyklus hat auch so einen Modellcharakter. Wenn ich sage: Ein Zyklus dauert 28 Tage und der Eisprung erfolgt am 14. Tag, dann ist das die Hälfte. Aber bei 30 Tagen ist es nicht mehr die Hälfte, bei 40 Tagen auch nicht. Man muss sich manchmal wundern, wenn man mit Frauen oder Mädchen spricht, dass sie das nicht wissen und sich auch so wenig selbst beobachten. Gerade die jungen Mädchen haben selten einen 28-Tage-Zyklus. Dass der Bezug zu sich selber fehlt, macht das Verhütungsverhalten mitunter schwierig. Und es ranken sich Mythen über Mythen auch über Verhütungsmittel in den Köpfen. Zum Beispiel: Ein Kondom reißt. Bei einem Kondom spürt man nichts. Das ist letztlich auch die Legitimation dafür, zu sagen: Das Mädchen nimmt die Pille. Ich glaube, Verhütungs-

Mythen über Verhütungsmittel

verhalten hat ganz viel mit bewussten Entscheidungen zu tun. Und wenn ich als Mädel die Pille nur deswegen nehme, weil der Bursch das Kondom verweigert und ich nicht die ganze Zeit mit ihm herumstreiten will, dann bin ich vielleicht im Verhütungsverhalten nicht ganz so konsequent. Umgekehrt: Wenn ein Bursch die ganze Zeit herummeckert, wird man das Kondom vielleicht eher vergessen, als wenn es so etabliert ist wie der Sicherheitsgurt im Auto. Das Wissen hört auch oft auf, wenn ein Verhütungsfehler passiert: Was ist das überhaupt und was macht man da? Da ist es wichtig, eine Handlungsanleitung zu haben.

Handlungsanleitung für Verhütungspannen

Ziegelwanger: Da kann ich auch nur dann adäquat darauf reagieren, wenn ich weiß, wie das Verhütungsmittel wirkt. Wenn ich weiß, wie die Pille wirkt, weiß ich, dass es ein Problem sein kann, wenn ich sie einmal vergesse. Da gibt es verschiedene Methoden, den jungen Leuten das zu erklären. Oder ihnen wenigstens eine Anlaufstelle zu nennen, wo sie anrufen können, wenn sie sich nicht mehr sicher sind, was zu tun ist.

Hammer: Was Geschlechtskrankheiten anbelangt, sind die Übertragungswege nicht wirklich bekannt. Aids kennt jeder, HIV schon weniger, was was macht, ist den Jugendlichen überhaupt nicht klar. Das ist auch ein sehr schwieriges Thema, weil man sofort in dieser Moralgeschichte drin ist. Es ist ein Unlust-Thema, in Wirklichkeit interessiert sie aber das Lustthema. Als ich groß geworden bin, ist gerade Freddie Mercury gestorben. Das war ganz groß in den Medien, das hat betroffen gemacht. Jugendliche heute kennen keine HIV-Positiven oder Geschlechtskranken. Genau da ist die Sache mit den Kondomen ein Problem. Das Kondom wurde lange Zeit als „Schutz vor dir" rübergebracht: Ich schütze mich vor dir, damit du mich nicht anstecken kannst. Und das passt überhaupt nicht zu der totalen Liebe, zu dieser unsterblichen Liebe und zu diesem totalen Vertrauen. Das ist so in den Köpfen drin: Mein Freund oder meine Freundin kann ja gar nicht krank sein, weil ich liebe sie unendlich. Wir versuchen das Kondom aufzuwerten über die Selbstverantwortung der Männer und dass Vaterschaft auch in Männerhänden liegen kann und dass das Kondom zusätzlich Geschlechtskrankheiten verhindern kann. Verhütung ist eine gemeinsame Entscheidung, aber die Männer drücken sich so gerne davor, aus Angst, sich zu blamieren.

Männer drücken sich vor Verhütung

Ziegelwanger: Wichtig ist, dass Verhütung nicht diesen Automatismus bekommt: Die ersten Male das Kondom, und sobald die Beziehung fixer wird, erfolgt meist ein automatischer, unhinterfragter Wechsel zu hormoneller Verhütung, zur Pille. Es ist wichtig, dass die jungen Leute miteinander reden, sich alles anschauen, das miteinander besprechen. Wir wollen sie dazu anhalten, dass sie überlegt, selbstbewusst und selbstbestimmt entscheiden, was für sie die geeignetste Verhütungsmethode samt ihren Vor- und Nachteilen darstellt

Und wie verhält man sich als Vater oder Mutter am besten?
Hammer: So dieses „Jetzt kommt das Aufklärungsgespräch!" – das kommt meist nicht gut an. Besser ist, sie immer wieder zu bestärken: Wenn was ist, wenn du was brauchst, du kannst jederzeit kommen.

Jugendliche brauchen Raum für sich selbst

Ziegelwanger: Das Credo an die Eltern ist, dass sie nicht alles allzu ernst nehmen und sich ein bisschen zurückfilmen, wie es bei ihnen so war. Um auch ein bisschen Verständnis zu bekommen, in welcher Situation die Kids jetzt stecken. Dasein. Offen sein, sie unterstützen. Aber auch nicht überstrapazieren. Denn das ist auch eine wichtige Phase der Ablösung. Wo sie genau in der Zeit der eigenen sexuellen Entwicklung ganz viel Raum für sich selbst brauchen. Was viele Jugendliche auch freut, ist, wenn sie ein Zeichen bekommen, wenn ihnen die Eltern ein nettes Buch schenken, wo es um Sexualität geht.

Hammer: Ich fand das total peinlich. Aber auch das müssen alle aushalten, dass es halt schwierig ist. Es ist wirklich eine schwierige Zeit.

Treue als höchster Wert

Die gleichen Fragen wie vor 40 Jahren

Auch wenn die Heranwachsenden viele Bilder im Kopf und viele Sexvokabeln auf der Zunge haben: Die Liebe ist immer noch ein seltsames Spiel. Und über Sex mit dem Partner oder der Partnerin zu sprechen, damit tun sie sich meist genauso schwer wie ihre Eltern. Auch die Fragen, die ihnen ihm Kopf herumtraben, unterscheiden sich kaum von denen, die

Mama und Papa vor 30, 40 Jahren gestellt haben: „Schwanger ohne Sex. Geht das?", „Wer soll sich um Verhütung kümmern?", „Ist mein Penis groß genug?", „Muss ich, wenn er will?", „Wie komme ich an meinen Schwarm ran?"

Die Antworten holen sich die Heranwachsenden heute vorrangig aus dem Internet, aber in vielen Fällen noch immer vom selben Team: dem guten alten Doktor Sommer aus „Bravo", der mittlerweile zu einer Redaktion aus vier Psychologen bzw. Sexualmedizinern angewachsen ist. Die Eltern stehen oft ziemlich hilflos daneben oder kriegen Liebesfreud und -leid ihrer Kinder nur am Rande mit, weil sie unfreiwillig Zeugen von Liebesgeflüster am Telefon werden, ein Kondom aus der Hosentasche ihres Sohnes fällt oder aber weil sie ohne Vorwarnung mit Tatsachen konfrontiert werden.

Die Eltern sind oft hilflos

So wie Monika, die eines Tages von ihrer 15-jährigen Tochter informiert wurde: „Ich war jetzt beim Frauenarzt und hab mir die Pille verschreiben lassen", und das in Anwesenheit des Freundes, der das erste Mal bei ihr zu Hause war. „Das fand ich offensiv und grenzüberschreitend, das gleich so zu verkünden", erzählt Monika. „Und außerdem extrem unromantisch. Mir war das schrecklich unangenehm, aber die zwei haben sich dann locker darüber unterhalten. Ich habe versucht, ihr nicht mein Wertesystem überzustülpen, aber es hat mich schon geschubst, was sie da tut."

Dabei sind die Werte der jungen Menschen ohnehin auf der romantischen Seite: Treue und Vertrauen sind ihnen in Beziehungen am wichtigsten, haben mehrere Studien ergeben. Und über dem ganzen Sex-Gerede darf eins nicht vergessen werden: wie toll dieses Gefühl der ersten Liebe ist, wenn die Knie wackeln und das Herz pumpert. Für die Eltern ist die Verliebtheit ihrer Kinder ein besonders schwieriges Thema, denn einerseits will man sie vor bösen Erfahrungen bewahren, andererseits brauchen sie den Freiraum, um eben Erfahrungen zu machen, schöne und vielleicht weniger schöne. Was Eltern in diesem Alter zuweilen sehr mühsam lernen, ist, nicht mehr ohne zu klopfen ins – ehemalige – Kinderzimmer hineinzuplatzen. Oder zu akzeptieren, dass ihre Kinder auch mal die Tür zusperren.

Und plötzlich so groß

Das ist schwierig auszuhalten: Gerade waren sie noch so kleine verspielte Geschöpfe, und plötzlich sind sie so groß.

Die Alten sollten aufbegehren

Foto: shutterstock/Golden Pixels LLC

Düstere Zukunftsaussichten, Überforderung und fragwürdige Rollenmodelle: Warum es für Jugendliche so schwer ist, erwachsen zu werden, und Eltern sich vom Jugendwahn verabschieden sollten.

Wer in Österreich über Jugend forscht, begegnet auf jeden Fall Bernhard Heinzlmaier. Der Vorsitzende des Instituts für Jugendkulturforschung pendelt regelmäßig zwischen Wien und Hamburg, wo er die T-Factory Trendagentur leitet. Im Interview spricht Heinzlmaier, der die Eigenheiten aller Generationen von Jugendlichen seit den 1980er Jahren kennt, über die zunehmende Macht der Wirtschaft, verunsicherte junge Menschen, Depressionen als Folge der Vielfalt der Möglichkeiten und eine Elterngeneration, die den Lebensstil der Jungen zum Prinzip erklärt hat.

Interview mit Bernhard Heinzlmaier

Foto: Wilke

Die meisten Jugendlichen fühlen sich unter Druck

Stehen Jugendliche heute mehr unter Druck als ihre Altersgenossen vor 10, 20, 30 Jahren?

Heinzlmaier: Sie empfinden es so. Druck ist immer schwer objektivierbar. Das Einzige, was wir sagen können, ist, dass heute zwischen 60 und 70 Prozent der Unter-20-Jährigen sich unter Druck fühlen: in der Schule, in der Arbeit, in der Ausbildung. Und dass sie noch dazu der Auffassung sind, dass das von Jahr zu Jahr stärker wird. Das ist ein empirisch belegbarer Befund. Woher das kommt, warum das so ist, das ist ein weites Feld der Diskussion. Es gibt Menschen, die sagen, das sind alles bloß Weicheier. Denn im Krieg und nach dem Krieg hat man viel mehr Grund gehabt, sich unter Druck zu fühlen. Das ist der eine Teil des Diskurses. Der andere lautet: Obwohl objektiv die Bedingungen immer menschlicher werden und die Ressourcen, über die wir verfügen, immer reichhaltiger und wir große Wahlmöglichkeiten haben, sind es die von uns kultivierten Selbstzwänge, die dazu führen, dass die Menschen das alles nicht mehr aushalten. Das heißt, der Selbstzwang, der angewandt wird, um bestimmten gesellschaftlichen Anforderungen gerecht zu werden. Und das scheint mir eine Erklärung zu sein, denn dieser Selbstzwang wird ja ausgelöst durch die Angst, abzusteigen, auszusteigen, ausgeschlossen zu werden. Die Mittelschicht hat Abstiegsängste, die Jugendlichen, die nachkommen, haben Angst, nicht den Status ihrer Eltern halten zu können. Daraus ergibt sich dieses Getrieben- und Gedrängtsein, gepaart mit Versagensängsten.

Wobei die Versagensängste einen realen Hintergrund haben. Es gibt nicht wenige Jugendliche, die sehen, dass ihre Eltern arbeitslos werden.

Heinzlmaier: Da geht es auch um Existenzangst. Man hat Angst davor, dass der Abstieg ins Bodenlose führt. Dass ich nicht nur 20 Prozent meines Einkommens verliere, sondern dass ich arbeitslos werde, alles verliere, durchs soziale Netz falle, dass ich letztendlich am Bahnhof auf der Bank schlafe. Das sind die Phantasien. Das Bürgertum und die Jugendlichen aus der Mittelschicht haben Angst, in die Sozialhilfe hineinzukippen. Das ist das soziale Ende. Sie haben Angst, völlig entwertet zu werden. Das scheint das Problem zu sein.

Angst vor Arbeitslosigkeit

Wie kann man als Eltern vernünftig gegenlenken?

Heinzlmaier: Gar nicht. Man kann gegen gesellschaftliche Realitäten nicht gegenlenken. Das ist nur der Politik möglich. Da kann man den Eltern nur sagen: Engagiert euch politisch. Und das politische Programm dazu wäre eines, das wieder mehr Stabilität in die Gesellschaft bringt. Das heißt, es wäre ein Konzept gegen den Neoliberalismus. Denn das, was wir heute haben, ist diese wirtschaftliche Macht, diese neoliberale Doktrin, die letztendlich dazu geführt hat, dass alles ständig in Fluss und in Bewegung ist, nichts mehr fix ist. Alle Strukturen lösen sich auf, letztendlich wird alles über Tauschbeziehungen reguliert, über Marktbedingungen. Das schafft Unsicherheit. Denn am Markt kann man gewinnen oder verlieren, genauso, wie man an der Börse gewinnen oder verlieren kann. Setzt man auf einen Wert, der steigt, auf einen, der fällt? Genauso ist es mit dem Arbeitsplatz. Hat man Glück, ist man in einem Unternehmen mit einem fixen Arbeitsplatz, hat man Pech, wird man arbeitslos und kriegt vielleicht nie wieder einen Job. Die individuelle Strategie ist, zu lernen, mit Unsicherheit und Instabilität zu leben. Das heißt, Kinder so zu erziehen, dass man ihnen sagt: Es ist nicht mehr so, wie es einmal war, dass man eine Beamtenkarriere einschlägt und damit in Zehnjahresschritten prognostizieren kann, wann man wo in der Hierarchie steht und wie viel man dann verdient. Das gibt es nicht mehr, das ist alles instabil, mal ist man oben, mal unten, die klassischen Verbindlichkeiten gibt es nicht mehr.

Keine klassischen Verbindlichkeiten mehr

Die Zahl der Jugendlichen mit diagnostizierten Depressionen steigt, es gibt auch Burnout-Fälle unter den 14-Jährigen. Ist das eine Verweigerung, bei all dem mitzumachen?

Die Jugendlichen leiden unter der Optionenvielfalt

Heinzlmaier: Das ist eine Überforderung. Das ist nicht selbstbestimmt, das kommt über einen, ohne dass man es will. Wir haben eine Flut von Depressiven, es gibt kaum noch Neurotiker. Ein Neurotiker wäre jemand, der unter Normendruck leidet. Unser Gesellschaftsprogramm ist kein Normenprogramm, das ist ein Freiheitsprogramm, ein Möglichkeitsprogramm. Aber die Menschen leiden unter der Optionenvielfalt. Sie leiden darunter, dass sie eigenverantwortlich Entscheidungen treffen müssen, etwas entwickeln müssen, wo ihnen keiner dabei hilft. Und wenn sie es nicht schaffen, sagt man ihnen: Du warst nicht gut genug. Das ist die klassische Grundlage für eine Depression. Man steht auf einem Feld, hat alle Möglichkeiten, ist dadurch aber überfordert. Das führt dazu, dass man antriebslos wird. Die Leute bleiben im Bett und sagen, das überfordert mich alles so, dass ich gar nichts mehr machen kann.

Gibt es heute eigentlich noch Aussteiger, so wie in den 1970er und 1980er Jahren? Die nach Kanada gehen und dort in einem Blockhaus leben?

Vorbilder im traditionellen Sinn

Heinzlmaier: Das gibt es, aber es hat keine Leitbildfunktion mehr. Früher war der Aussteiger der mutige Mensch, der es wagt, auszusteigen: verkauft hier alles und geht nach Kanada – was für ein Held! Heute ist das ein schrulliger Mensch, weit davon entfernt, Vorbild für junge Menschen zu sein. Die jungen Menschen haben eher Vorbilder, die im traditionellen Sinn erfolgreich sind, die es schaffen, die die Optionenvielfalt und den freien Raum der Möglichkeiten zum eigenen Erfolg nutzen können.

Das heißt, die Jugendlichen eifern dem nach, was ohnehin als Leitbild unserer Gesellschaft gesehen wird?

Heinzlmaier: Genau. Hohe Selbstmanagementqualitäten, hohe Selbstmotivation.

Wie passt das dazu, dass es gerade in der vierten, fünften Klasse Schulverweigerer gibt?

Heinzlmaier: Das sind diejenigen, die genau daran scheitern. Die sich selbst nicht motivieren können, weil sie in dem Ganzen keinen Sinn sehen. Oder sie sehen zu viele Alternativen, die vielleicht attraktiver sind: Konsum, Sport, Musik. Ein Hobby ist ein interessantes Kontrastprogramm zur Schule, und die, die sich schwertun, zieht es noch mehr an.

Trotz aller Schwierigkeiten, die es im Zusammenleben mit Pubertierenden geben mag: Im Grunde begehren die Jugendlichen heute kaum gegen ihre Eltern auf. Woran liegt das?

Heinzlmaier: Im Prinzip müssten die Eltern gegen die Kinder aufbegehren, weil die symbolische, kulturelle Führerschaft haben die Jungen. In Italien fällt das besonders stark auf, wenn man dort beobachtet, wie die Mütter mit ihren Töchtern auf der Straße spazieren gehen. Die Mütter sind so um die 40, die haben Töchter mit 14, 15. Die sind völlig gleich angezogen, haben die gleiche Frisur. Wenn man das aus der Entfernung betrachtet, weiß man nicht, wer ist die Mutter und wer die Tochter. In Wirklichkeit orientiert sich die Mutter am Lifestyle der Tochter. Die Jungen haben meiner Meinung nach sowieso gewonnen. Der Jugendkult ist nichts anderes als der Lebensstil der Jungen, der zum allgemeinen Prinzip erhoben wird. Insofern könnten die Alten jetzt sagen, wir begehren dagegen auf. Zum Beispiel indem sie eine Brille aufsetzen, die sie älter macht. Oder Skype und Facebook verweigern. Es geht eher um die Revolte der Alten. Wogegen sollten die Jungen rebellieren? Gegen die Eltern, die so sein wollen wie sie? Das ist eine Absurdität.

Die Jungen haben die symbolische Führerschaft

Service

Literatur

Adressen/Links

Stichwortverzeichnis

Albert M et al. (2010) 16. Shell Jugendstudie. Jugend 2010. S. Fischer, Frankfurt

Altmeyer P (2005) Therapielexikon Dermatologie und Allergologie, 2. Auflage. Springer, Heidelberg

Ariès P (1994) Geschichte der Kindheit., 11. Auflage. dtv Wissenschaft, München

Bethge P (2011) Zwang funktioniert. Der Spiegel, 4/2011

Blasberg (2007) Beginnt die Reife immer früher? Die Zeit, 28/2007

BMGF/LBISucht/ market institut (2008) Alkoholkonsum in Österreich

Bode T (2010) Die Essensfälscher. Was uns die Lebensmittelkonzerne auf die Teller lügen. S. Fischer, Frankfurt

Brandt A (2010) Wie geht's? Der Spiegel Wissen, 2/2010

br-online.de (2010) Konfusion im Kopf. http://www.br-online.de/wissen/forschung/pubertaet-hirnscans-jugendliche-ID1245842160906.xml (abgerufen am 22. Oktober 2010)

Chua A (2011) Die Mutter des Erfolgs. Wie ich meinen Kindern das Siegen beibrachte. Nagel & Kimche, Zürich

Dahlkamp J (2009) Stoned vor dem Schirm. Der Spiegel, 12/2009

D'Amato G et al. (2010) Facebook: a new trigger for asthma? The Lancet, 2010

Deardorff J et al. (2010) Father Absence, Body Mass Index, and Pubertal Timing in Girls: Differential Effects by Family Income and Ethnicity. Journal of Adolescent Health, 2010

Dunst A et al. (2005) Tod in der Pause. profil, 17. September 2005

Dür W, Griebler R (2007) Die Gesundheit der österreichischen SchülerInnen im Lebenszusammenhang. Ludwig Boltzmann Institut für Medizin- und Gesundheitssoziologie, Bundesministerium für Gesundheit, Familie und Jugend

Dworschak M (2010) Helden auf Bewährung. Der Spiegel, 15/2010

Egerer T (2010) Zeig mir dein Profil, und ich sag dir, wer du bist. Forschen & Entdecken, September 2010

Ehgartner B (2010) Gesund bis der Arzt kommt. Lübbe, Köln

Fernsebner-Kokert B (2008) Verdächtige stellen sich nach Attacke auf Politiker. Der Standard, 26./27. April 2008

Freisleben-Teutscher Ch (2007) Komatrinken ist kein neuer Trend. Ärzte Woche 21/2007

Gabanyi A et al. (2007) Jugendverschuldung. Analyse und Präventionsansätze. Oberösterreichische Schuldnerberatung, Fachhochschule Oberösterreichische, Raiffeisenbank, Linz

Gebauer K (2010) Warum schweigen Mobbing-Opfer? Zeit online 7. Juni 2010

Giedd JN et al. (1999) Brain development during childhood and adolescence: a longitudinal MRI study. Nature Neuroscience, 1999

Glozier N et al. (2010) Short sleep duration in prevalent and persistent psychological distress in young adults: the DRIVE study. Sleep, 2010

Gordon T (1972) Familienkonferenz. Die Lösung von Konflikten zwischen Eltern und Kind. Hoffmann & Campe, Hamburg

Großegger et al. (2003) 4. Bericht zur Lage der Jugend in Österreich. SPECTRA Marktforschungsges.m.b.H. und jugendkultur.at – Institut für Jugendkulturforschung und Kulturvermittlung im Auftrag des Bundesministeriums für soziale Sicherheit, Generationen und Konsumentenschutz, Wien

Heinzlmaier B (2008) Konsum, Lebensstil, Jugendkultur. Polis, Politik Lernen in der Schule, im Auftrag des Bundesministeriums für Unterricht, Kunst und Kultur. Wien

Heisig K (2010) Das Ende der Geduld. Konsequent gegen jugendliche Gewalttäter. Herder, Freiburg im Breisgau

Herold S (2008) 300 Fragen zur Pubertät. Gräfe & Unzer, München

Heßling A et al. (2010) Jugendsexualität. Bundeszentrale für gesundheitliche Aufklärung, Köln

Der Brockhaus für Eltern. Kinder verstehen, Kinder erziehen. Brockhaus Mannheim — **Illig U (2001)**

Pubertät. Wenn Erziehen nicht mehr geht. Gelassen durch stürmische Zeiten. Kösel, München — **Juul J (2010)**

Nebel hinter der Stirn. Der Spiegel Wissen 2/2010 — **Koch J (2010)**

Gesundheit aktiv. Ueberreuter, Wien — **Langbein & Skalnik (2005)**

Pädiatrie: Grundlagen und Praxis. Springer, Heidelberg (google books, abgerufen am 13. Dezember 2010) — **Lentze M, Heyne K (2002)**

Eine Fremde in der Akne-Familie. hautnah 1/2007 — **Lindemeier A (2007)**

Die Dreiwortsatz-Kommunikation. Die Zeit, 12/2008 — **Martenstein H (2008)**

Orthorexie: Grauzone der Essstörungen. Ärzte Woche 15/2004 — **Mazhar R (2004)**

Wie wirklich wird Virtuelles? Ärzte Woche, 18/2007 — **Mazhar R (2007)**

Ohne Üben geht nichts. Der Spiegel, 6/2011 — **Meyer C (2011)**

An der Grenze zur Magersucht. Faznet, 3.1.2010 — **Morawetz Ch (2010)**

Gefährden Bildschirmmedien den Schulerfolg? Kinderärztliche Praxis, 2009 — **Mößle T (2009)**

Verzicht auf Fernsehen verbessert die Zensuren. Nano (3sat), Sendung vom 11. September 2007 — **Nano (3sat) (2007)**

Entwarnung bei Gewürzen und Essiggurkerln. Die Presse, 22.11.2010 — **Niebauer G (2010)**

Erfolgreiche Therapie der Akne vulgaris. Hautnah, 1/2009 — **Niebauer G (2009)**

Niemand will schuld sein. Kleine Zeitung, 27. Jänner 2011 — **Odebrecht-Beer C (2011)**

OECD (2010)
Health at a Glace. Europe 2010.
OECD publishing
(http://dx.doi.org/10.1787/health_glance-2010-en,abgerufen am 7. Februar 2011)

Oldham-Cooper RE et al. (2011)
Playing a computer game during lunch affects fullness, memory for lunch, and later snack intake.
American Journal of Clinical Nutrition, 2011

Oswald B (2010)
Jugendlicher Alkoholkonsum: bagatellisiert.
Österreichische Ärzte-Zeitung 20/2010

Ott U, Pape M (2008)
Kinder leiden unter trügerischer Harmonie.
Spiegel online, 8. Juni 2008

Pape M, Ott U (2008)
Theater für die Zweitgeborenen.
Geo Wissen: Pubertät. Auf der Suche nach dem neuen Ich.
Geo, Hamburg

Paulus J (2008)
Es ist doch nur ein Spiel.
Geo Wissen: Pubertät. Auf der Suche nach dem neuen Ich.
Geo, Hamburg

Rogge J-U (2004)
Pubertät. Loslassen und Haltgeben, 9. Auflage.
Rowohlt, Reinbek bei Hamburg

Scambor Ch et al. (2010)
Fragebogenerhebung an Steirischen Schulen im Rahmen des EU-Daphne-Projekts „Stamina". Auswahl wichtiger Ergebnisse.
Forschungsbüro der Männerberatung, Graz

Schaefberger M (2010)
Safer Internet. Qualitative Studie über die Chancen und Gefahren von Social Communities.
Institut für Jugendkulturforschung, Wien

Schmidinger D (1998)
Raus damit! Bulimie: ein autobiographischer Ratgeber.
Orac, Wien

Schnurr E-M (2006)
Die Besser-Esser.
Zeit Wissen 5/2006

Schönfeldinger G (2009)
Internet sicher nutzen.
Verein für Konsumenteninformation, Wien

Simma R (2007)
Wie kann denn ein Pickel zum Problem werden?
hautnah 1/2007

Spitzer M (2006)
Vorsicht Bildschirm!
Elektronische Medien, Gehirnentwicklung, Gesundheit und Gesellschaft.
Klett, München

Starr LR, Davila Joanne (2009)
Clarifying co-rumination: Associations with internalizing symptoms and romantic involvement among adolescent girls. Journal of Adolescence 2009

Statistik Austria (2008)
Gesundheitsbefragung 2006/07. Statistik Austria, Wien

Statistik Austria (2009)
Mikrozensus-Arbeitskräfteerhebung. Statistik Austria, Wien

Statistik Austria (2010)
Statistik der natürlichen Bevölkerungsbewegung. Statistik Austria, Wien

Thomä D (2010)
Zwischen Krieg und Innigkeit. Der Spiegel Wissen, 2/2010

Trabi T, Scheer P (2007)
Magersucht unter Sportlern. pädiatrie & pädologie, 06/07

Tschachler E (2008)
AdRisk Projekt – die Europäische Perspektive. Aus: Gesundheitsförderung trifft Jugendarbeit. Abschlussbericht zur Tagung am 19. September 2008 in Salzburg. Fonds Gesundes Österreich, Wien

Tschachler E (2006)
Mit Mythen aufräumen. Ärzte Woche, 42/2006

Tschachler E (2006a)
Sternhagelvoll im Teenieclub. Ärzte Woche 6/2006

Tschachler E (2006b)
Angst vor Kontrollverlust, Hunger nach Schönheit. Ärzte Woche, 44/2006

Tschachler E (2004)
Was kostet die Welt? Solidarität, 868/2004

Tschachler E (2003)
Zwischen Kühlschrank und Klo. medizin populär 5/2003

Uhl A et al. (2008)
Zunahme der alkoholbedingten Spitalsaufnahmen von Kindern und Jugendlichen, LBISucht (www.api.or.at/akis/jugend%20und%20alkohol/rauschtrinken.htm, abgerufen am 2. Februar 2011)

Verein für Konsumenteninformation (2007)
Überziehung bei Jugendkonten. Lizenz zum Schuldenmachen? KONSUMENT 11/2007

Verein für Konsumenteninformation (2008) Pikante Fertiggerichte im Test.
KONSUMENT 5/2008. http://www.konsument.at/cs/Satellite?pagename=Konsument/MagazinArtikel/Detail&cid=34566&pn=3 (abgerufen am 26. November 2010)

Wabitsch M et al. (2009) S3-Leitlinie Therapie der Adipositas im Kindes- und Jugendalter.
http://www.awmf.org/uploads/tx_szleitlinien/050-002_S3_Therapie_der_Adipositas_im_Kindes-_und_Jugendalter_Kurz_01-2009_01-2012.pdf
(abgerufen am 10. Dezember 2010)

Weichold K (2008) 15 wichtige Fragen zur Pubertät.
Geo Wissen: Pubertät. Auf der Suche nach dem neuen Ich.
Geo, Hamburg

Weigl M et al. (2010) Bericht zur Drogensituation.
Österreichisches Bundesinstitut für Gesundheitswesen.
Im Auftrag der Europäischen Beobachtungsstelle für Drogen und Drogensucht und des Bundesministeriums für Gesundheit, Wien

Weiß K (2010) Generation Geil. Jugend im Selbstporträt.
Schwarzkopf & Schwarzkopf, Berlin

Werner Ch (2010) Zickige Zeiten: Was bedeutet heute Pubertät?
SWR2-Forum, 2. Dezember 2010

Wüsthof A (2006) Gehirn im Ausnahmezustand.
Die Zeit, 42/2006

Beratungsstellen allgemein

Jugendinfo

Bundesministerium für Wirtschaft, Familie und Jugend.
Informationen zu Jugendpolitik, -förderung, -schutz usw. (zahlreiche Links)
Tel. 0800/240 266 (Mo – Fr 9 – 16 Uhr)
E-Mail: jugendinfo@bmwfj.gv.at
www.bmwfj.gv.at/jugendinfo

Elternweb

Information für Eltern des Bundesministeriums für Wirtschaft, Familie und Jugend zum Leben mit Kindern, Schule, Freizeit usw. (zahlreiche Links)
www.elternweb.at

Probleme

Kinder- und Jugendanwaltschaften

Die Kinder- und Jugendanwaltschaften wollen für die Umsetzung und Einhaltung der Kinderrechte in der Gesellschaft zu sorgen, um dadurch die Lebensbedingungen für Kinder und Jugendliche in Österreich zu verbessern. Ein weiterer Schwerpunkt ihrer Arbeit ist es, durch Informationsveranstaltungen, Workshops und Projekte zu kinderrelevante und jugendrelevante Themen eine Verbesserung der gesellschaftlichen Rahmenbedingungen zu erwirken.
www.kija.at

Rat auf Draht

Rat auf Draht ist das telefonische Beratungsservice des ORF. Geschulte Psychologen und Juristen stellen Informationen und Links zu allen Facetten der Gewalt zusammen und sind außerdem rund um die Uhr und kostenlos erreichbar.
Tel. 147
http://rataufdraht.orf.at/

Schulpsychologie

Die Schulpsychologie-Bildungsberatung des BMUKK steht Schülern, Lehrern und Eltern bei der Suche nach problemvorbeugenden, -reduzierenden und -lösenden Einsichten, Erfahrungen und deren Umsetzung zur Verfügung.
Tel. 01 53120 2580
www.schulpsychologie.at

Telefonseelsorge

Die Telefonseelsorge ist ein Angebot an Menschen, die offene, kompetente und verschwiegene Gesprächspartner suchen. Die Telefonseelsorge ist in ganz Österreich ohne Vorwahl erreichbar.
Tel. 142
Es besteht auch die Möglichkeit, sich über Internet an die Telefonseelsorge zu wenden.
www.telefonseelsorge.at

Kinderpsychologen

Adressen von Kinderpsychologen und anderen Spezialisten, wie Psychotherapeuten, Lernberatern, Legasthenie- und Dyskalkulietrainern, die sich mit den besonderen Bedürfnissen besonderer Kinder befassen.
www.kinderpsychologen.at

Rainbows

Die Trennung/Scheidung der Eltern oder der Tod eines geliebten Menschen, all das sind einschneidende Momente im Leben von Kindern und Jugendlichen. Rainbows unterstützt die betroffenen Kinder zwischen 4 und 12 Jahren und Jugendliche bis 17 Jahren.
Tel. 0316 68 86 70
www.rainbows.at

Medien

Safer Internet

Saferinternet.at unterstützt Internetnutzer – besonders Kinder, Jugendliche, Eltern und Lehrende – bei der sicheren Verwendung von Internet, Handy und Computerspielen.
www.saferinternet.at/

Internet sicher nutzen

Das help.gv.at-Portal bietet wichtige Informationen und Tipps für eine sichere Internetnutzung und ein sorgenfreies Surfen – von Einkaufen im Internet über Phishing und Spam bis zu Onlinespielen.
www.help.gv.at/Content.Node/172/Seite.1720000.html

Click & Check

Präventionskampagne zur Sensibilisierung von Kindern und Jugendlichen zum richtigen, sicheren Umgang mit Handy und PC. Programme für Eltern, Lehrer und Schüler.
Tel. 059133 4596 253
www.clickundcheck.at

Schule/Bildung

Schulinformation des Bundesministeriums für Unterricht, Kunst und Kultur

Allgemeine Schulberatung, Schulwesen und Bildungswege in Österreich; Aufgabenbereiche der Schulbehörden bzw. der Schulaufsicht.
Tel. 0810 20 52 20 (zum Ortstarif aus ganz Österreich)
E-Mail: schulinfo@bmukk.gv.at
www.bmukk.gv.at/schulen/service/schulinfo/schulinfo.xml

Drogen/Sucht

Institut für Suchtprävention

Kompetenzzentrum für Fragen zu Prävention, Sucht, psychoaktiven Substanzen, problematischem Konsum und Drogenpolitik.
Tel. 0732 77 89 36 0
E-Mail: info@praevention.at
www.praevention.at

kontakt&co

Suchtprävention Jugendrotkreuz
Information zum Thema Sucht und Möglichkeiten der Prävention.
Tel. 0512 585730
E-Mail: Office@kontaktco.at
www.kontaktco.at

Österreichischer Suchthilfekompass
Hilfseinrichtungen im Bereich illegale Substanzen und Alkohol
http://suchthilfekompass.oebig.at/

ChEck iT!
Drogeninfos und Drogenchecking
www.checkyourdrugs.at

Gewalt

Kriminalpolizeiliche Beratungsstelle des Bundesministeriums für Inneres
Aufklärung über Möglichkeiten des Selbstschutzes.
Polizei-Servicenummer Tel. 059 133
(Direktkontakt zur nächstgelegenen Polizeidienststelle)
www.bmi.gv.at/cms/BK/praevention/start.aspx

Opfernotruf
Hilfe für Opfer einer Straftat. Anrufe sind österreichweit kostenlos, die Telefone sind rund um die Uhr besetzt.
Tel. 0800 112 112
www.opfer-notruf.at/

Die Möwe
Anlaufstelle für alle Personen, die körperliche/seelische oder sexuelle Gewalt an Kindern und Jugendlichen wahrnehmen oder davon betroffen sind.
www.die-moewe.at

Liebe und Sex

Österreichische Gesellschaft für Sexualforschung
Plattform für sexualwissenschaftlichen Austausch; Tagungen, Fort- und Weiterbildungen im Bereich von Sexualpädagogik, Sexualberatung und Sexualtherapie.
www.oegs.or.at

Österreichische Gesellschaft für Familienplanung (OEGS)
Die OEGF betreibt zahlreiche Beratungsstellen sowie die First Love Ambulanzen, die anonym, kostenlos und ohne Voranmeldung Jugendliche zwischen 12 und 18 Jahren beraten. Ebenso können für diverse Bildungseinrichtungen sexualpädagogische Workshops und Exkursionen auf gynäkologische Ambulanzen gebucht werden.
Tel. 01 478 52 42
E-Mail: buero@oegf.at
www.oegf.at www.firstlove.at

Lovetour
Lovetour bemüht sich um die Förderung der gesunden sexuellen Entwicklung von Kindern und Jugendlichen durch altersspezifische Aufklärung, Weitergabe wichtiger und aktueller Informationen und moderne Präventionsarbeit.
www.lovetour-noe.at

Herzklopfen
Beratung für junge Leute zu den Themen Liebe und Sex.
Tel. 0800 20 60 60
Chat: www.superchat.at

F.E.M. – Frauen, Eltern, Mädchen

Informationen und Beratung bezüglich Menstruation, Verhütung, Partnerschaft, Liebe und Sexualität, Schwangerschaft, Abtreibung, HIV-Infektion und AIDS etc. (zahlreiche Links)
www.fem.at

MEN

Informationen zu Gesundheit, Beziehungen und Sexualität, Verhütung; Beziehungsproblemen; Informationen zu Ärzten und Untersuchungen usw. (zahlreiche Links)
www.men-center.at

YoungMum

Begleitung, Betreuung und Beratung während der Schwangerschaft, Geburt und im ersten Lebensjahr des Babys durch Gynäkologen, Hebammen, Sozialpädagogen und Psychologen.
www.khgh.at

Essstörungen

bulimie.at

Informationen und Forum zum Thema Essstörungen/Bulimie.
www.bulimie.at

intakt

Ambulantes Therapie- und Kompetenzzentrum im Essstörungsbereich. Umfassendes Angebot zur Diagnostik, Behandlung, Beratung und Prävention von Essstörungen. Online-Beratung möglich.
Tel. 01 22 88 770
E-Mail: office@kontakt.at
www.intakt.at

Sowhat

Psychotherapeutische, psychologische und medizinische Behandlung für Menschen mit Essstörungen (Magersucht, Ess-Brechsucht, Ess-Attacken mit und ohne Übergewicht)
Tel. 01 406 57 17
E-Mail: wien@sowhat.at
www.sowhat.at http://www.firstlove.at/hilfebei.htm - 1

Weitere KONSUMENT-Bücher
im Buchhandel oder im Online-Shop auf www.konsument.at

Ihr Recht im Internet

Wer das Internet nutzt, ist mit Rechtsfragen konfrontiert. Rechtliches Grundwissen ist nützlich, wenn man eine eigene Homepage betreibt, sich an Foren und sozialen Netzwerken beteiligt oder auf Auktionsplattformen aktiv ist. Oft gibt es auch rechtliche Graubereiche: Mit diesem Buch sind Sie auf der sicheren Seite.

ISBN 978-3-902273-99-4
152 Seiten, brosch., € 14,90

Das Beste aus dem Internet, 3. Auflage

Unser Bestseller: Über 8.000 verkaufte Exemplare in mittlerweile 3. Auflage! Das Internet als unendliche Informationsquelle: Preissuchmaschinen, Reiseangebote, Musikdownloads und soziale Netzwerke. Außerdem: Gratisprogramme für den Computer, viele wertvolle Tipps für Windows- und Mac-User und über 700 Links!

ISBN 978-3-902273-96-3
184 Seiten, Flexcover, € 14,90

Wohnen ohne Gift, 3. Auflage

Dicke Luft in den eigenen vier Wänden: Das Buch zeigt, wie man mögliche Schadstoffquellen erkennen und sein Heim so gestalten kann, dass man sich wohlfühlt und keinen unnötigen Risiken ausgesetzt ist. Außerdem: Umfangreicher Serviceteil mit Literatur, Adressen und Links zum Thema.

ISBN 978-3-902273-94-9
148 Seiten, Flexcover, € 14,90

Internet sicher nutzen

Weniger erfahrene User lassen sich durch Berichte über Viren, Internet-Abzocke und Co. verunsichern. Dieses Buch bietet leicht verständliche Anleitungen für sichere Nutzung des Computers – von Virenschutz über Online-Shopping bis zum anonymen Surfen und Verwischen der eigenen Spuren im Browser.

ISBN 978-3-902273-89-5
128 Seiten, brosch., € 14,90

Wechseljahre

Viele Frauen suchen Rat bei Wechseljahrsbeschwerden, doch nur manche von ihnen finden ihn. Das Buch regt mit vielen praktischen Tipps und angereichert mit den persönlichen Erfahrungen von sechs Frauen dazu an, die Zeit des Wechsels bewusst als einen Lebensabschnitt zu sehen, der auch seine positiven Seiten hat.

ISBN 978-3-902273-85-7
120 Seiten, brosch., € 14,90

Depressionen

Ärzte behandeln die Symptome einer depressiven Störung, doch die eigentliche Krankheit bleibt oft unerkannt. Das Buch zeigt die vielen Gesichter einer Depression und wann Behandlungsbedarf besteht. Außerdem: Wie man sich als Angehöriger am besten verhält und wie man helfen kann.

ISBN 978-3-902273-77-2
144 Seiten, brosch., € 14,90

Weitere KONSUMENT-Bücher
im Buchhandel oder im Online-Shop auf www.konsument.at